EVA DRAGOSITS

LAKTOSEFREI BACKEN

Köstlichkeiten von süß bis herzhaft

humboldt

VORWORT

Liebe Leserin, lieber Leser,

die Diagnose Laktoseintoleranz kommt oft als Schock: Unbeschwert essen, worauf man Lust hat? Das geht nicht mehr. Ernährungsumstellung ist angesagt. Vieles, das man gerne mag, sollte man vermeiden. Das Leben fühlt sich nach Dauer-Diät und Verzicht an.

Gleichzeitig ist die Diagnose eine Erleichterung. Symptome wie Bauchgrummeln, Übelkeit und Durchfall haben also eine eindeutige Ursache: Der Körper ist nicht in der Lage, Laktose ausreichend zu verarbeiten. Die Diagnose ist damit der erste Schritt zu einem beschwerdefreien Leben: Wenn man den Übeltäter kennt, kann man die Ernährung entsprechend anpassen.

Allerdings ist das nicht ganz so einfach, wie es klingt. Viele Lebensmittel sind heute stark verarbeitet und enthalten eine Menge von Aromen, Füllstoffen und Geschmacksverstärkern. Gerade Laktose ist in vielen Produkten versteckt, in denen wir sie nicht erwarten würden. Bei einer Laktoseintoleranz bist du also dazu gezwungen, dich mit den Zutatenlisten von Lebensmitteln zu beschäftigen. Der Einkauf im Supermarkt dauert anfangs doppelt so lange wie gewohnt. Die gute Nachricht: Mit der Zeit findest du heraus, welche Produkte du verträgst und wie du im Alltag zurechtkommst.

Mich selbst hat die Diagnose 2007 getroffen. Gerade zu Beginn fand ich es schwer, mich laktosefrei zu ernähren; damals gab es noch weniger laktosefreie Produkte zu kaufen als heute. Aufgeben war aber keine Option: Mir war und ist es wichtig, dass ich abwechslungsreich und mit Genuss esse. Ich habe mich intensiv mit Laktoseintoleranz auseinandergesetzt und im Lauf der Zeit herausgefunden, wie ich mich so ernähre, dass ich keine Beschwerden mehr habe. Und vor allem so, dass es schmeckt!

In diesem Buch teile ich mein Wissen und meine Tipps zu Laktoseintoleranz. Und natürlich meine Rezepte: Bei denen ist mir wichtig, dass alles schmeckt wie gewohnt. Auch diejenigen, die keine Probleme mit Laktose haben, werden die Cheesecakes, Beerentorten und Chocolate-Chip-Cookies aus diesem Buch lieben – und keinen Unterschied zu den gewohnten Leckereien feststellen.

Ich hoffe, dass dich das Buch einem Leben ohne Beschwerden und mit viel Genuss ein Stück näherbringt. Laktosefreie Ernährung darf nicht nach Verzicht schmecken!

Eins noch: Wer Laktose verträgt, bereitet die Rezepte einfach mit den gewohnten Zutaten zu. Klappt und schmeckt!

Ich wünsche dir viel Freude mit dem Buch und viel Spaß beim Backen!

Deine Eva

LEBEN MIT LAKTOSEINTOLERANZ

Die Diagnose „Laktoseintoleranz“ bedeutet oft eine Herausforderung: Du musst deine Ernährung umstellen und erst mal herausfinden, was du verträgst und wie du im Alltag mit der Unverträglichkeit umgehst. In diesem Kapitel findest du die wichtigsten Informationen zu Laktoseintoleranz und dazu, wie du auch mit Laktoseintoleranz abwechslungsreich und mit Genuss essen und genießen kann. Ganz ohne Bauchweh.

Was du über Laktoseintoleranz wissen solltest

Zunächst das Hintergrundwissen: In diesem Kapitel erfährst du, was du über Laktose und Laktoseintoleranz wissen musst, um damit zurechtzukommen.

Was ist Laktose?

Laktose ist eine andere Bezeichnung für Milchzucker. Laktose/Milchzucker ist in Milch enthalten, in Kuhmilch genauso wie in Schafmilch, Ziegenmilch und Pferdemilch. Auch in Muttermilch ist Laktose.

Zwei wichtige Infos gleich vorneweg:

1. Verwechsle bitte nicht Milcheiweiß und Milchzucker/Laktose:
   - Laktose/Milchzucker ist ein Zucker, ein Kohlenhydrat.
   - Milcheiweiß ist ein Eiweiß, ein Protein. Es enthält keine Laktose. Bei Laktoseintoleranz ist Milcheiweiß kein Problem für dich.
   - Wenn du aber eine Milcheiweiß-Allergie hast, musst du Produkte mit Milcheiweiß komplett meiden.
2. Milchsäure ist sowohl bei Laktoseintoleranz als auch bei Milchallergie verträglich.

Was ist Laktoseintoleranz?

Laktoseintoleranz bedeutet, dass man Laktose „nicht toleriert“, nicht verträgt: Man kann Laktose/Milchzucker nur schlecht oder gar nicht verdauen.

> Bei Menschen mit Laktoseintoleranz ist Laktase nur in geringen Mengen vorhanden oder es fehlt.

Normalerweise wird Laktose im Dünndarm in zwei Bestandteile aufgespalten, in Glukose und Galaktose. Verantwortlich dafür ist das Enzym Laktase. Die Bestandteile Glukose und Galaktose verarbeitet der Körper dann weiter.

Bei Menschen mit Laktoseintoleranz ist Laktase nur in geringen Mengen vorhanden oder sie fehlt. Bei ihnen wird die Laktose nicht aufgespalten, sondern gelangt unverdaut in den Dickdarm. Dort wird sie von Darmbakterien zersetzt. Das macht sich unangenehm bemerkbar: Der Bauch kann grummeln und aufgebläht sein, es ist einem übel oder man hat andere Beschwerden.

Es gibt **drei Formen der Laktoseintoleranz:**

- Die **primäre Laktoseintoleranz** entsteht ganz natürlich, und zwar durch das Älterwerden: Neugeborene produzieren viel Laktase, um die Muttermilch zu verstoffwechseln. Danach geht die Produktion zurück. Je älter man wird, umso weniger Laktase produziert der Körper, und umso schlechter kann man Laktose verdauen. Häufig zeigt sich eine Laktoseintoleranz zwischen dem fünften und dem 20. Lebensjahr. Wie viel Laktose man verträgt, ist dabei von Person zu Person unterschiedlich.
- Die **sekundäre Laktoseintoleranz** entsteht dadurch, dass der Darm geschädigt ist, z. B. durch Krankheiten (Zöliakie, Morbus Crohn, Entzündungen oder Ähnliches) oder Operationen. Diese Form kann unter Umständen wieder verschwinden, wenn die Ursache erkannt und behandelt wird.
- Die dritte – sehr seltene – Form ist ein **angeborener Laktasemangel.** Wegen eines Gendefekts kann der Körper keine Laktase bilden und Laktose/Milchzucker nicht verdauen. Die Symptome treten bereits in den ersten Lebenswochen auf: Säuglinge nehmen über die Muttermilch Laktose auf, können sie aber nicht verdauen. Das kann für sie lebensbedrohend sein. Solche Fälle gehören unbedingt in ärztliche Behandlung. Auf diese Form gehe ich in diesem Buch nicht weiter ein.

Wie viele Menschen sind laktoseintolerant?

Man geht davon aus, dass etwa 15 % Deutsche und Österrreicher keine Laktose vertragen. Das ist ziemlich viel: In einer Gruppe von zehn Personen sind im Schnitt ein bis zwei dabei, die laktoseintolerant sind. Laktoseintoleranz ist also wirklich nicht selten.

Insgesamt schätzt man, dass 75 % der erwachsenen Weltbevölkerung keine Laktose verträgt.

Weltweit gesehen ist der Anteil von Menschen mit Laktoseintoleranz noch größer: In Afrika, Asien und Südamerika sind zwischen 60 % und 95 % der Erwachsenen laktoseintolerant. Insgesamt schätzt man, dass 75 % der erwachsenen Weltbevölkerung keine Laktose verträgt.

Was sind die Symptome von Laktoseintoleranz?

Wenn jemand Laktose nicht verträgt, zeigen sich Symptome, die von Person zu Person unterschiedlich sein können. Die Symptome können sofort auftreten; es kann aber auch einige Stunden dauern. Häufige Symptome sind:

- Übelkeit
- Bauchschmerzen
- Bauchkrämpfe
- Blähungen
- Durchfall
- weicher Stuhl
- das Gefühl, als bekomme man eine Magen-Darm-Grippe
- Völlegefühl

Achtung: Diese Symptome sind kein eindeutiger Hinweis auf Laktoseintoleranz. Es kommen auch andere Unverträglichkeiten für diese Beschwerden infrage, z. B. Fruktoseintoleranz, Glutenunverträglichkeit, eine Kuhmilchallergie, andere Intoleranzen oder Krankheiten.

Vor der Ernährungsumstellung

Bevor du deine Ernährung umstellst und rein auf Verdacht auf Laktose verzichtest: Finde bitte erst heraus, ob tatsächlich eine Laktoseintoleranz der Grund für deine Beschwerden ist. Es hat keinen Sinn, wenn du dich einschränkst und auf Laktose verzichtest, wenn der Übeltäter in Wirklichkeit ganz woanders liegt.

Wie findest du heraus, ob du laktoseintolerant bist?

Es gibt verschiedene Möglichkeiten, um eine Laktoseintoleranz festzustellen:

Selbsttest

Du trinkst auf nüchternen Magen ein großes Glas Milch. Wenn du dann Beschwerden hast, könnte das an einer Laktoseintoleranz liegen. Ein Selbsttest ist allerdings nur ein Hinweis und keine gesicherte Diagnose.

Eliminationsdiät

Du vermeidest für vier bis sechs Wochen alles, was Milchzucker/ Laktose enthält. Dabei führst du ein Ernährungstagebuch und schreibst genau auf, was und wann du isst. Am Ende der Eliminationsdiät machst du einen Selbsttest und trinkst morgens auf nüchternen Magen ein Glas Milch. Wenn sich deine Beschwerden während der Diät bessern und beim Selbsttest wieder auftreten, könnte das ein Hinweis auf eine Laktoseintoleranz sein.

Allerdings ist es nicht so einfach, eine Eliminationsdiät korrekt durchzuführen. Laktose ist nämlich auch in Produkten drin, bei denen man nicht damit rechnen würde; etwa in Wurstprodukten, Chips und Fertiggerichten. Deshalb kann es passieren, dass du unbeabsichtigt und unbemerkt Laktose zu dir nimmst. Die Beschwerden bleiben dann bestehen.

Bei einer Eliminationsdiät kann es deshalb vorkommen, dass du nicht eindeutig herausfindest, ob du Laktose verträgst oder nicht – weil du vielleicht gar nicht gemerkt hast, dass du Laktose zu dir genommen hast. Die Eliminationsdiät ist also keine gesicherte Diagnose.

Wasserstoff-Atemtest

Der Wasserstoff-Atemtest ist die häufigste Diagnosemethode, um eine Laktoseintoleranz festzustellen. Er wird bei der Ärztin oder beim Arzt durchgeführt; in Deutschland wird er von den gesetzlichen Krankenversicherungen bezahlt. Du trinkst dabei nüchtern eine genau festgesetzte Menge an Laktose. Danach pustest du in regelmäßigen Abständen in ein Gerät. Wenn du laktoseintolerant bist, gelangt die Laktose unverdaut in den Dickdarm und wird dort von Bakterien zu Wasserstoff umgesetzt. Diesen Wasserstoff kann man mithilfe des Geräts im Atem messen.

Leider ist der Wasserstoff-Atemtest nicht hundertprozentig verlässlich: Etwa 10 % der laktoseintoleranten Menschen sind sogenannte Non-Responder: Sie atmen keinen Wasserstoff ab, der Test zeigt nichts an – obwohl sie laktoseintolerant sind.

Blutzuckertest

Der Blutzuckertest gilt als eher ungenau.

Eine weitere Möglichkeit, um eine Laktoseintoleranz festzustellen, ist ein Blutzuckertest. Auch dieser Test wird in Deutschland von den gesetzlichen Krankenkassen übernommen. Du trinkst dabei eine Lösung mit einer bestimmten Menge Laktose. Die vorhandene Laktase in deinem Körper zerlegt die Laktose in die Einzelbestandteile, nämlich Glukose und Galaktose. Die Glukose gelangt ins Blut und kann dort gemessen werden.

Wenn bei diesem Test der Glukosewert kaum ansteigt, ist das ein Hinweis auf eine Laktoseintoleranz: Der Körper kann nicht genug Laktase herstellen, um die Laktose in Glukose und Galaktose aufzuspalten. Es gelangt also keine oder nur wenig Glukose ins Blut.

Gentest

Bei einem Gentest wird Blut oder ein Abstrich der Mundschleimhaut untersucht und festgestellt, ob ein genetischer Defekt der Laktase, also eine primäre Laktoseintoleranz, vorliegt. Der Test ist aussagekräftig, aber teurer als der Atemtest und der Blutzuckertest. Er wird von den gesetzlichen Krankenkassen nicht bezahlt.

Unklare Bauch- und Verdauungsbeschwerden

Ich rate dir ausdrücklich, bei unklaren Bauchschmerzen und Verdauungsbeschwerden zu einer Ärztin oder einem Arzt zu gehen, um herauszufinden, was hinter deinen Problemen steckt. Erzähle ihnen von deinen Beschwerden und Symptomen und bleibe hartnäckig. Sie oder er sollte mit dir gemeinsam herausfinden, was der Grund für deine Symptome ist. Du kannst eine Unverträglichkeit oder Krankheit schließlich nur behandeln, wenn du weißt, was dahintersteckt!

Lass bitte die Hände weg von Selbstdiagnosen. Unter Umständen verzichtest du dann auf Lebensmittel, die du eigentlich verträgst. Und das wäre schade.

Musst du bei Laktoseintoleranz komplett auf Laktose verzichten?

Die gute Nachricht: Auch wenn du laktoseintolerant bist, musst du nicht komplett auf Laktose verzichten. Von einem totalen Verzicht wird sogar eher abgeraten: Wenn du überhaupt keine Laktose mehr zu dir nimmst, könnte es passieren, dass dein Körper irgendwann gar keine Laktase mehr produziert – weil er sie nicht mehr braucht. Das will man ja nicht, denn dann verträgt man irgendwann nicht einmal mehr kleinste Mengen an Laktose.

Es ist deshalb gut, wenn du immer wieder kleine Mengen Laktose zu dir nimmst. Allerdings nur so viel, dass du keine Probleme bekommst. Und genau hier wird es schwierig: Es gibt keine allgemeingültige Regel dafür, wie viel Laktose man ohne Probleme zu sich nehmen kann. Das ist absolut individuell. Jeder Mensch muss selbst herausfinden, wie viel Laktose er oder sie verträgt. Daran führt kein Weg vorbei!

> Jeder Mensch muss selber herausfinden, wie viel Laktose er oder sie verträgt.

Wie viel Laktose verträgt man bei Laktoseintoleranz?

Menschen mit Laktoseintoleranz vertragen meistens kleine Mengen Laktose. Wie viel das ist, hängt unter anderem von folgenden Dingen ab:

- Wie viel eigene Laktase der Körper produziert:
  Als Richtwert wird häufig angegeben, dass Menschen mit Laktoseintoleranz normalerweise ein kleines Glas Milch (200 ml) ohne Probleme trinken können. Vielleicht möchtest du das ja mal ausprobieren!
  Mein Input dazu: Ich probiere das sicher nicht. Ich weiß, dass das definitiv zu viel für mich ist.
- Wie schnell die Laktose bei dir in den Dickdarm gelangt:
  Die Laktose wird im Dünndarm in ihre Bestandteile aufgespalten. Wenn die Nahrung nun sehr rasch durch den Dünndarm transportiert wird, hat der Dünndarm wenig Zeit, um die Laktose abzubauen. Sie gelangt unverdaut in den Dickdarm und sorgt dort für Beschwerden. Wie schnell die Laktose in den Dickdarm kommt, hängt unter anderem von deinem Körper und deinem Stoffwechsel ab.
- Was du zusammen mit der Laktose isst:
  Je länger die Laktose im Dünndarm bleibt, desto mehr Zeit hat der Dünndarm, um sie aufzuspalten. Wenn du also etwas isst, das den Magen und den Dünndarm länger beschäftigt und das nicht einfach durchrutscht, verträgst du die Laktose besser.
  Beispiel 1: Du isst die Laktose zusammen mit Fett, Eiweiß und Ballaststoffen, etwa als Müsli mit Joghurt. Die Laktose bleibt in dieser Kombination länger im Magen und gelangt erst nach und nach in den Dünndarm. Mit diesen kleineren Mengen kommt der Dünndarm ganz gut zurecht. Du verträgst die Laktose besser.
  Beispiel 2: Du nimmst die Laktose mit Zucker, Stärke und/oder Flüssigkeit zu dir, etwa als heißen Kakao oder als Marmeladentoast. Die Aufenthaltszeit im Magen ist kürzer, die Laktose rutscht schnell durch den Dünndarm und gelangt unverdaut in den Dickdarm. Du verträgst dieselbe Menge Laktose schlechter als im ersten Beispiel.

Wo ist Laktose drin?

Welche Milchprodukte enthalten Laktose?

Diese Milchprodukte enthalten normalerweise Laktose:

- Butter
- Buttermilch
- Crème fraîche
- Dickmilch
- entrahmte Milch
- Frischkäse
- Joghurt, Joghurtdrinks
- Kaffeeobers
- Kefir
- Kondensmilch
- Magermilch
- Mascarpone
- Milch; auch Schaf-, Ziegen- und Pferdemilch
- Molke
- Molkenerzeugnisse
- Quark/Topfen
- Sahne
- Sauermilch
- Sauermolke
- saure Sahne
- Schmand
- Sahne
- Skyr
- Süßmolke
- teilentrahmte Milch
- Vollmilch

Die meisten jungen Käse enthalten Laktose:

- Brie
- Camembert
- Cottage Cheese/Hüttenkäse
- Feta/Schafkäse
- Frischkäse
- Mozzarella
- Ricotta
- Schafkäse
- Schmelzkäse
- Streichkäse
- Ziegenfrischkäse

Welche Milchprodukte werden bei Laktoseintoleranz oft gut vertragen?

Butter enthält nur geringe Mengen an Laktose und ist für viele Personen mit Laktoseintoleranz problemlos verträglich. Bei Joghurt, Buttermilch und Sauermilch bauen Milchsäurebakterien die Laktose teilweise ab, sodass sie oft vertragen werden. Auch manche Weichkäse wie Camembert oder Brie werden gut vertragen.

Käse, der mehr als drei Monate gereift ist, ist in der Regel laktosefrei. Im Lauf der Reifung wird die Laktose in Milchsäure umgewandelt. Je älter der Käse, desto weniger Laktose enthält er.

Diese Sorten sind normalerweise laktosefrei:

- Appenzeller
- Cheddar
- Emmentaler
- Gouda, alt
- Parmesan
- weitere Hartkäse, die mindestens drei Monate gereift sind

Laktoseintoleranz ist sehr individuell. Du musst bei den genannten Milchprodukten testen, ob du sie verträgst!

Ist Laktose nur in Milch und Milchprodukten enthalten?

Leider nein. Laktose ist in vielen Produkten drin, die man eher nicht mit Milch und Milchzucker in Verbindung bringen würde. Laktose hat nämlich einige Eigenschaften, die sich die Lebensmittelindustrie gerne zunutze macht:

- Laktose ist relativ billig. Deswegen ist sie ein beliebtes Füllmaterial für mehr Volumen oder Gewicht, z. B. in Wurstwaren.
- Laktose gibt Lebensmitteln eine gute Bindung und mehr Festigkeit. Deshalb wird sie beispielsweise bei Joghurt oder Wurstwaren zugegeben.
- Laktose sorgt für eine schöne Bräunung, etwa bei Brot und Backwaren, aber auch bei Bratwürsten.
- Laktose ist eine gute Trägersubstanz für Gewürze, Aromen und Geschmackverstärker. Weil sie nur wenig süß ist, kann sie auch für herzhafte Produkte verwendet werden, z. B. bei Chips, Knabberzeug und Brüh- oder Suppenwürfeln.

Wie du die versteckte Laktose in Lebensmitteln erkennen kannst, liest du im Kapitel „Im Supermarkt laktosefreie Produkte erkennen: Sechs Tipps“ auf S. 22–25.

Was bedeutet „laktosefrei"?

„Laktosefrei" bedeutet, dass ein Produkt weniger als 0,1 % Laktose enthält. Diese Menge wird normalerweise auch von Menschen mit Laktoseintoleranz gut vertragen.

Produkte, die mit „laktosefrei" gekennzeichnet sind, können entweder von Natur aus laktosefrei sein, wie beispielsweise lange gereifter Käse. Sie können aber auch extra nach einer laktosefreien Rezeptur hergestellt sein, wie z. B. laktosefreie Milchprodukte, Schokoaufstriche oder Fertiggerichte.

Laktoseintoleranz ist sehr individuell. Manche Menschen reagieren so empfindlich auf Laktose, dass sie sogar laktosefreie (Milch-)Produkte mit weniger als 0,1 % Laktose nicht vertragen. Du musst unbedingt selbst herausfinden, wo deine persönliche Verträglichkeitsgrenze liegt.

> Du musst unbedingt selbst herausfinden, wo deine persönliche Verträglichkeitsgrenze liegt.

Geht Laktose beim Kochen oder Backen weg?

Nein. Laktose lässt sich durch Erhitzen nicht entfernen.

Was ist Laktase?

Laktase ist das Enzym, das die Laktose in die Bestandteile Glukose und Galaktose aufspaltet. Diese Bestandteile kann der Körper weiterverarbeiten; er gewinnt daraus Energie.

Wird die Laktose nicht aufgespalten, weil der Körper zu wenig oder keine Laktase erzeugt, bleibt die Laktose ganz und verursacht Probleme.

Was sind Laktase-Tabletten/-Kapseln und wie wirken sie?

Wenn du Mahlzeiten essen willst, in denen Laktose enthalten ist, kannst du direkt vor dem Essen das Enzym Laktase in Kapsel- oder Tablettenform zu dir nehmen. Dieses Enzym hilft dabei, die Laktose zu verdauen.

Damit die Laktase wirken kann, muss sie zur richtigen Zeit am richtigen Ort sein, also im Magen. Und zwar genau zu dem Zeitpunkt, an dem die Nahrung dort ankommt. Dazu musst du Folgendes wissen:

- Wenn du die Laktase-Tabletten oder Laktase-Kapseln schluckst, dann landen sie in deinem Magen. Die Kapsel oder Tabletten lösen sich dort auf, die Laktase wird freigesetzt. Der Magen beginnt sofort damit, die Laktase abzubauen.
- Wenn jetzt die Mahlzeit mit Laktose dazukommt, ist alles gut: Die Laktase ist schon da und spaltet die Laktose in ihre Bausteine auf. Du kannst deine Mahlzeit genießen und bekommst keine Beschwerden.
- Es bringt deshalb nichts, wenn du die Laktase zu früh nimmst: Bis die Laktose aus dem Essen im Magen ankommt, ist die Laktase schon weg.
- Es bringt auch nichts oder nur wenig, wenn du die Laktase erst nach dem Essen nimmst. Dann ist ein großer Teil der Laktose schon weitergerutscht in den Dünndarm und eventuell den Dickdarm. Die Laktase kommt nicht mehr bei der Laktose an.
- Die Laktase darf nicht mit sehr heißen Speisen oder Getränken kombiniert werden; sie wirkt nur bei Speisen und Getränken unter 50 °C. Es ist also keine gute Idee, das Pulver aus der Kapsel oder die Tablette im Tee oder im Kaffee aufzulösen oder über das heiße Essen zu streuen.
- Wie lange die Laktase zur Verfügung steht, hängt unter anderem von deinem Körper und von der Menge und Art der Laktase ab. Es kann jemand z. B. mit einer bestimmten Menge Laktase 30 Minuten lang ohne Probleme Laktose zu sich nehmen, eine andere Person eine ganze Stunde lang.

Laktase richtig dosieren

Generell gilt, dass du Laktase nicht überdosieren kannst. Wenn du nicht sicher bist, wie viel Laktose im Essen enthalten ist, nimmst du lieber mehr Laktase als zu wenig. Es gibt allerdings Menschen, die auf Laktase mit Durchfall reagieren. Du musst selbst experimentieren und herausfinden, ob du die Laktase-Tabletten oder -Kapseln verträgst. Obwohl Laktase den Alltag erleichtert, sollte sie keine Dauerlösung sein. Die Dosierung ist schwierig, und wenn du die Laktase zu früh oder zu spät nimmst oder einfach mal in einer schlechten Tagesverfassung bist, wirkt sie nicht so gut wie erhofft.

Wie viel Laktase muss man einnehmen?

Laktase wird in unterschiedlichen Dosierungen angeboten. Gemessen wird in der Einheit FCC. Das steht für „Food Chemicals Codex" und ist ein Maß für die Enzymaktivität. Es gibt z. B. Laktase mit 1.800, 3.000, 5.500, 6000, 12.000, 14.000 oder 18.000 FCC-Einheiten.

Als Faustregel gilt, dass 1.000 Laktase-FCC-Einheiten etwa 5 g Milchzucker/Laktose aufspalten. Das ist aber nur ein Richtwert aus dem Labor; die tatsächliche Wirksamkeit dürfte geringer sein. Im Zweifelsfall dosierst du die Laktase lieber höher. Aber nur dann, wenn du sie gut verträgst!

Zur Einschätzung:

- Eine große Tasse Cappuccino, ein Stück Käsesahnetorte oder eine Portion Sahneeis enthalten etwa 4–5 g Laktose. Du müsstest mindestens 1.000 FCC-Einheiten Laktase nehmen, besser mehr, um diese Menge zu vertragen.
- In einer Portion Milchreis sind knapp 6 g Laktose. Du brauchst mindestens 1.200 FCC-Einheiten, besser mehr.
- In einem Glas Milch sind etwa 10 g Laktose. Du brauchst mindestens 2.000 FCC-Einheiten, besser mehr, um sie ohne Bauchweh zu genießen.

- Besonders viel Laktose ist in Tiramisu, nämlich knapp 23 g. Du solltest mindestens 5.000 FCC-Einheiten Laktase dazu nehmen, besser mehr.

Die Dosierung von Laktase ist individuell: Finde selbst heraus, wie viel du brauchst und verträgst.

Die Dosierung von Laktase ist individuell und nicht ganz einfach. Du musst selbst herausfinden, welche Dosierung du brauchst und verträgst. Lies bitte unbedingt den Beipackzettel, der den Laktase-Tabletten oder -Kapseln beiliegt, und halte dich an die Informationen zu Anwendung und Dosierung.

Meine persönliche Erfahrung: Ich nehme Laktrase® 6.000 von pronatura. Mit einer Kapsel, also 6.000 FCC-Einheiten Laktase, kann ich laut Beipackzettel 5–10 g Laktose verdauen. Ein Mittagessen im Restaurant, eine Kugel Eis oder eine Pizza sind mit einer solchen Kapsel kein Problem. Wenn ich auf Nummer sicher gehen will, nehme ich eine zweite Kapsel. Das funktioniert bei mir sehr gut.

Laktoseintoleranz im Alltag

Wenn du laktoseintolerant bist, hast du wahrscheinlich schon gemerkt, dass es im Alltag kompliziert werden kann: Im Urlaub und in Restaurants findet man oft nicht heraus, wie viel Laktose im Essen drin ist. Bei Essenseinladungen sind die Gastgeber irritiert oder verstimmt, weil man nicht zugreift. Im Supermarkt braucht man Stunden, bis der Einkauf erledigt ist. Und mit all den Einschränkungen macht Essen sowieso keinen Spaß mehr. Das muss aber nicht sein: In diesem Kapitel erfährst du, wie du mit Laktoseintoleranz im Alltag zurechtkommst.

Zutatenlisten lesen: Hinter welchen Begriffen steckt Laktose?

Wenn du einen der folgenden Begriffe auf der Zutatenliste siehst, ist Laktose im Produkt:

- Buttermilch
- Buttermilchpulver
- Crème fraîche
- entrahmte Milch
- Joghurt
- Kondensmilch
- Lactose oder Laktose
- Lactosemonohydrat, Laktosemonohydrat, Lactose-Monohydrat, Laktose-Monohydrat
- Kefir
- Magermilch
- Magermilchjoghurt
- Milch
- Milcherzeugnis
- Milchpulver
- Milchzubereitung
- Milchzucker
- Molke
- Molkenerzeugnis
- Molkenpulver
- Quark
- Rahm
- Sahne
- Sahnepulver
- Sauermolke
- Sauermolkenpulver
- Saure Sahne
- Schmand
- Schokoladenzubereitung
- Süßmolkenerzeugnis
- Süßmolkenpulver
- Trockenmilch
- Vollmilch
- Vollmilchpulver

- Zuckerstoffe: Der Begriff ist nicht eindeutig. Zuckerstoffe können Laktose enthalten; es können aber auch andere Zuckerstoffe gemeint sein. Tipp: Im Zweifel lieber weglassen – oder beim Hersteller nachfragen

Gut zu wissen

- Vorsicht bei Begriffen wie Emulgator, Stabilisator, Aroma: Hinter diesen Begriffen kann sich Laktose verstecken!
- Milcheiweiß und Milchsäure sind laktosefrei und werden bei Laktoseintoleranz vertragen.
- Butterreinfett, auch Butterschmalz oder Schmalzbutter genannt, ist laktosefrei.
- Viele Proteinriegel und Proteinpulver werden aus Molke, Whey, hergestellt und enthalten sehr viel Laktose.

Laktosefreie Produkte erkennen: Sechs Tipps

Wie du im vorigen Abschnitt gelesen hast, ist in vielen Lebensmitteln versteckte Laktose enthalten. Gerade auch in Lebensmitteln, bei denen du eher nicht damit rechnen würdest. Weil du nie wissen kannst, ob in einem Produkt Laktose enthalten ist oder nicht, musst du bei jedem Lebensmittel die Zutatenliste durchlesen. Deshalb dauert es anfangs eine gefühlte Ewigkeit, bis der Einkauf erledigt ist.

Sobald du deine verträglichen Produkte gefunden hast, bist du beim Einkauf genauso schnell wie vorher.

Man lernt aber schnell dazu: Sobald du deine verträglichen Produkte gefunden hast, bist du beim Einkauf genauso schnell wie vorher. Hier folgen sechs Tipps, wie du im Supermarkt laktosefreie Produkte erkennst.

Tipp 1: Auf der Packung steht „laktosefrei"

Wenn du auf einem Produkt den Hinweis „laktosefrei" siehst, kannst du zugreifen: „Laktosefrei" bedeutet, dass ein Produkt weniger als 0,1 % Laktose enthält. Diese Menge wird von Menschen mit Laktoseintoleranz normalerweise gut vertragen.

Unter folgenden Produkten findest du meistens auch solche mit dem Hinweis „laktosefrei":

- Fertiggerichte wie Chicken Nuggets, Knödel, Fertigpizza
- Halbfertigprodukte wie Gnocchi, Spätzle, Blätterteig
- Käse, zum Beispiel Schnittkäse, Camembert, Brie, Mozzarella
- Milchprodukte wie Milch, Joghurt, saure Sahne, Buttermilch
- Müsli, Granola
- Süßigkeiten wie Plätzchen, Cookies
- Tiefkühlgerichte wie panierter Fisch, Gemüsemischungen
- Wurstprodukte wie Schinken, Salami, Bratwürste, Frankfurter

Übrigens: Es gibt im Handel viel mehr laktosefreie Produkte als nur die, die ausdrücklich als „laktosefrei" gekennzeichnet sind. Du entdeckst diese Produkte vor allem mit Tipp 5.

Tipp 2: Vegane Produkte sind immer laktosefrei

Vegan bedeutet, dass ein Produkt ohne tierische Produkte hergestellt wird. Vegane Produkte enthalten also keine Milch oder andere Milchprodukte.
Folgende Produkte sind garantiert laktosefrei:

- Pflanzendrinks, z. B. Haferdrink, Mandeldrink, Sojadrink
- alle veganen Produkte, z. B. vegane Schokolade, veganes Nougat, veganes Joghurt, veganes Eis, vegane Käse, vegane Kuchen, vegane Fertiggerichte, veganer Wurstersatz

Tipp 3: Packungsaufschrift „(Kann) Spuren von Milch (enthalten)"

Dieser Hinweis bedeutet, dass das Produkt sehr geringe Mengen Laktose enthalten kann. Es kann z. B. in einer Maschine hergestellt worden sein, in der Milchprodukte verarbeitet werden. Diese winzigen Mengen werden bei Laktoseintoleranz normalerweise gut vertragen.

Tipp 4: Bei den Zutaten ist nichts fett gedruckt

Laut einer EU-Verordnung müssen in der EU auf der Zutatenliste die 14 häufigsten Stoffe, die Allergien oder Unverträglichkeiten auslösen, fett gedruckt sein. Laktose ist einer dieser Stoffe.

Das macht das Überprüfen der Zutaten einfacher: Du musst nur auf die fett gedruckten Zutaten achten. Wenn nichts fett gedruckt ist, ist das Produkt laktosefrei. Aber Achtung: Das gilt nur bei Produkten, die in der EU hergestellt sind! Lies sicherheitshalber trotzdem die Zutatenliste durch.

Tipp 5: Nährwertangabe „Kohlenhydrate/Zucker: 0 g oder < 0,1 g"

Laktose ist Milchzucker, ein Kohlenhydrat. Überprüfe auf der Zutatenliste, wie viele Kohlenhydrate das Produkt hat. Steht bei den Kohlenhydraten „0 g", „davon Zucker: 0 g" oder „davon Zucker:

Steht bei den Kohlenhydraten „0 g“, „davon Zucker: 0 g/ < 0,1 g“, ist das Produkt laktosefrei.

< 0,1 g“, dann ist kein oder nur minimal Zucker drin, also auch kein Milchzucker/keine Laktose. Das Produkt ist laktosefrei.

Dieser Hinweis ist vor allem bei Wurstprodukten und Käse hilfreich. Ein Beispiel: Du entdeckst im Kühlregal einen Käse, den du gerne kaufen würdest. Auf der Packung steht aber nicht, ob er laktosefrei ist. Du schaust dir nun die Nährwertangaben an und liest: „Kohlenhydrate: < 0,1 g pro 100 g“. Der Käse enthält also weniger als 0,1 g Kohlenhydrate pro 100 g Käse. Selbst wenn dieses Kohlenhydrat Laktose ist (was bei Käse wahrscheinlich ist), gilt dieser Käse als laktosefrei. Du kannst beruhigt zugreifen.

Kohlenhydrate im Produkt bedeuten allerdings nicht automatisch, dass ein Produkt Laktose enthält! Jeder Zucker, auch Haushaltszucker, Fruchtzucker oder ein anderer Zucker, ist ein Kohlenhydrat. Ein Produkt kann viele Kohlenhydrate enthalten, aber trotzdem laktosefrei sein. Nehmen wir z. B. Gummibärchen: In der Nährwertangabe steht „Kohlenhydrate: 77 g, davon Zucker: 46 g“. Laut Zutatenliste sind Glukosesirup, Zucker und Gelatine die Hauptzutaten. Außerdem ist nichts fett gedruckt (siehe Tipp 4). Die Gummibärchen enthalten also jede Menge Kohlenhydrate, aber nichts davon ist Laktose. Du kannst sie essen.

Wenn du bei einem Produkt nicht sicher feststellen kannst, welcher Zucker gemeint ist und wie viel Laktose drin ist, dann iss dieses Produkt lieber nicht.

Tipp 6: Ein Käse ist länger als drei Monate gereift

Hier gilt die Faustregel: Je älter ein Käse ist, desto weniger Laktose enthält er. In frischem Käse (Frischkäse, Mascarpone, Ricotta) ist normalerweise viel Laktose. Im Lauf der Reifung wird sie in Milchsäure umgewandelt, und die wird auch bei Laktoseintoleranz vertragen. Käse, der mehr als drei Monate gereift ist, ist in der Regel laktosefrei.

Wenn du nicht sicher bist, ob ein Käse laktosefrei ist, dann schau dir die Nährwertangaben auf der Packung an: Wenn ein Käse weniger als 0,1 % Laktose enthält, gilt er als laktosefrei.

Auf Nummer sicher gehen

Lies bitte immer die Zutatenliste, auch wenn du ein Produkt bereits kennst. Manchmal verändern Unternehmen die Rezepturen – und Produkte, die immer laktosefrei waren, enthalten plötzlich Laktose.

Laktosefrei kochen

Laktosefrei zu kochen ist eine tolle Möglichkeit, um sicherzustellen, dass man garantiert laktosefrei isst. Und es ist gar nicht so schwer! Eines bleibt dir allerdings nicht erspart: Du musst dir die Zutaten genau anschauen und darauf achten, dass du komplett ohne Laktose kochst. Kritisch ist vor allem die versteckte Laktose in Produkten, bei denen man nicht damit rechnen würde.

Durchhalten lohnt sich: Mit der Zeit kennst du deine Produkte und weißt genau, in welchen Zutaten und Produkten Laktose drin ist und wo nicht.

Mit der Zeit kennst du deine Produkte und weißt genau, wo Laktose drin ist und wo nicht.

Vorsicht bei diesen Produkten! Sie können versteckte Laktose enthalten, aber auch laktosefrei sein – hier bitte die Etiketten lesen:

- Bratwürste, Frankfurter, Grillwürste und dergleichen
- Brot, Brötchen, Gebäck, Burger Buns
- Brühwürfel, Brühpulver, Bratensoßenpulver oder -würfel
- gekaufte Feinkostsalate, Beilagen, Wurstsalat, Tsatsiki, Dips
- Gewürzmischungen, Würzgranulate, Rubs, Salatkräutermischungen
- Halbfertiggerichte und Fertiggerichte wie Kroketten, Pommes, Pizza, Röstgemüse, Gnocchi, Nudelpfannen und ähnliche Produkte
- Proteinpulver, Proteinriegel

- mariniertes Fleisch
- Salami, Schinken, Brühwurst und ähnliche Wurstwaren
- Salatsoßen, Grillsoßen

Tipps für laktosefreies Kochen

- Verwende immer laktosefreie Produkte wie laktosefreie Milch, laktosefreie Sahne, laktosefreien Käse oder vegane Alternativen und Pflanzendrinks.
- Greife zu abgepackten Wurstwaren und Käsesorten: Mithilfe der Etiketten kannst du herausfinden, ob darin Laktose enthalten ist oder nicht. Beim offenen Verkauf an der Theke ist das schwieriger.
- Wenn du Halbfertigprodukte und Fertigprodukte verwendest, schau dir die Etiketten an und wähle Produkte ohne Laktose aus (siehe S. 22–25).
- Verlasse dich nicht auf die Aussagen des Verkaufspersonals, wenn du nach den Zutaten fragst. Auch wenn sie gerne helfen und beraten, wissen sie im Detail nicht immer Bescheid. Ein persönliches Beispiel: Ich habe in der Bäckerei gefragt, ob in einem bestimmten Brot Milch ist: „Ja, in diesem Brot schon, das ist nichts für Sie. Aber dieses Brot hier können Sie essen, da ist nur Quark drin", meinte die Verkäuferin. Sie hat ja recht, im Brot ist keine Milch. Allerdings wird Quark aus Milch hergestellt; mir würde das empfohlene Brot Probleme machen.
- Mach dir eine Liste mit laktosefreien Produkten, die du gerne verwendest!

Bei den meisten Produktgruppen gibt es mittlerweile Produkte ohne Laktose. Unter den vielen Müslis, Wurstwaren, Fertigsoßen und Chips finden sich normalerweise ein oder zwei, die keine Laktose enthalten. Mit den sechs Tipps ab S. 22 solltest du fündig werden, einige Produkttipps findest du auf S. 42.

Kaffee & Co., Süßkram und Knabberzeug

Kaffee & Co.

Wenn du laktoseintolerant bist, hast du wahrscheinlich schon gemerkt, dass es schwierig wird mit Cappuccino, Caffè Latte und Milchkaffee. Laktosefreie Milch schmeckt süßer als „normale" Milch und verändert den Geschmack von Kaffeegetränken. Das ist gewöhnungsbedürftig.

> Laktosefreie Milch schmeckt süßer als „normale" Milch und verändert den Geschmack von Kaffeegetränken.

Besonders kritisch sind Kaffeeweißer, Kaffeesahne und Kondensmilch, weil sie extrem viel Laktose enthalten. Kaffeesahne gibt es mittlerweile laktosefrei. Laktosefreien Kaffeeweißer und laktosefreie Kondensmilch konnte ich allerdings noch nirgends entdecken.

Hier habe ich leider keinen guten Tipp für dich. Vielleicht hast du ja Lust, verschiedene Pflanzendrinks zum Kaffee zu probieren? Ich mag mittlerweile Haferdrink im Kaffee sehr gerne. Und ein Tipp: Laktosefreie Kondensmilch kannst du selber machen; das Rezept findest du auf S. 65.

Kuchen und Süßkram

Laktose ist fast immer enthalten in:

- Eis und Eiscreme-Desserts
- Kuchen und Torten
- Mehlspeisen wie Pfannkuchen, Kaiserschmarrn, Waffeln
- Plätzchen und Cookies
- Pudding, Cremes, Creme-Desserts, Pannacotta, Tiramisu und Ähnlichem
- Schokolade, Schokoriegeln, Pralinen

Gute Alternativen zu laktosehaltigen Süßigkeiten, Kuchen und Torten sind vegane Produkte. Es gibt mittlerweile leckere vegane Plätzchen und Schokolade, veganes Eis und anderen veganen Süßkram.

Außerdem wirst du mit den sechs Tipps von S. 22–25 im Supermarkt – neben MinusL-Produkten und weiteren speziell laktosefreien Produkten – noch mehr laktosefreien Süßkram entdecken. Hier sind einige Beispiele für laktosefreie Süßigkeiten, die nicht als laktosefrei deklariert sind:

- Edelbitter Mousse Schokolade von Lindt (alle Sorten)
- Halbbitter-Schokolade von Rittersport
- Lotus Karamellkekse
- Oreo Cookies (die klassische Sorte)
- Manner Waffeln
- Marzipan-Schokolade von Rittersport
- Mon Chérie
- Schokobananen von Casali
- Soft Cake Orange von Griesson

Wenn du ohne Beschwerden Brownies, Cheesecakes und Nussschnecken genießen willst, backst du am besten selbst. Mit laktosefreien Zutaten schmeckt alles wie gewohnt; auch Familie, Freunde und Kollegen werden keinen Unterschied merken. Einige Rezepte findest du in diesem Buch. Experimentiere gerne selbst und entwickle deine eigenen Rezepte!

Knabberzeug

Gar nicht so selten findet sich Laktose in Knabberzeug wie Chips. Auch manche Salzcracker und ähnliches Knabberzeug enthalten Laktose.

Beim Knabberzeug gibt es viele Produkte, die ohne Laktose zubereitet werden. Lies bitte die Zutatenliste auf der Packung. Die Chancen stehen gut, dass du unter den vielen Produkten auch laktosefreien Knabberkram findest.

Laktosefrei sind beispielsweise:

- Funny-Frisch Chipsfrisch gesalzen, ungarisch, Chakalaka, Oriental Style, Peperoni
- Kelly's Chips in den Sorten Classic gesalzen, Knoblauch, Bacon BBQ
- Kelly's Erdnuss Snips

Mit Laktoseintoleranz im Restaurant

Laut einer EU-Verordnung müssen in der EU die 14 häufigsten Stoffe, die Allergien oder Unverträglichkeiten auslösen, ausgewiesen sein. Laktose ist einer dieser Stoffe.

In Deutschland und Österreich steht auf Speisekarten bei laktosehaltigen Gerichten ein „G“ für Laktose, neben vielen anderen Buchstaben für die weiteren allergenen Stoffe. Die Idee ist toll. Man weiß jetzt also, wo Laktose drin ist!

> Auf Speisekarten müssen laktosehaltige Gerichte mit einem „G“ für Laktose gekennzeichnet sein.

Jetzt kommt das Aber: Leider hilft dieses Wissen nur bedingt weiter. Es gibt viele Restaurants und Gasthäuser, Imbissstuben, Kantinen und Buffets, die kein einziges laktosefreies Gericht anbieten. Das kann ganz schön frustrierend sein: Man liest die Karte rauf und runter, findet aber nichts ohne Laktose, nicht mal Salat. In so einem Fall sagt dir die Kennzeichnung nur, dass du hier nichts essen kannst.

Auch wenn man nachfragt, ob eine Speise Laktose enthält oder nicht, kann man sich nicht immer auf die Auskunft des Personals verlassen. Das Thema ist ja auch komplex: Für Menschen mit Laktoseintoleranz macht die Art des Milchprodukts einen großen Unterschied. Wenn das „G“ z. B. für die Butter steht, in der die Kartoffeln geschwenkt wurden, ist das Gericht bei Laktoseintoleranz meist verträglich. Wenn das „G“ aber für Laktose in der Suppenbrühe steht, in den Pommes, der Bratwurst und der Salatsoße, dann sieht es anders aus: Diese Speisen können bei Laktoseintoleranz ordentlich Probleme machen.

Zwei Tipps für Restaurantbesuche

Frag den Kellner oder die Wirtin, ob ein Gericht Laktose enthält. Viele beraten ihre Gäste sehr gut und gerne. Wenn du totzdem nicht sicher sein kannst, ob im Gericht Laktose drin ist oder nicht, dann nimm sicherheitshalber Laktase dazu.

1. Wähle verträgliche Speisen aus, z. B.:

- Fisch ohne Soße und ohne Panade
- Fleisch ohne Soße und ohne Panade
- Gemüseplatte ohne Soßen
- Grillhühnchen, Brathuhn
- Grillplatte
- Pommes
- Salate mit Essig-Öl-Dressing
- Sushi
- vegane Gerichte
- Wok-Gerichte, Ramen, thailändische Gerichte

2. Diese Gerichte vermeidest du besser:

- alles, was mit Milch und/oder Sahne zubereitet wird: Spätzle, panierte Schnitzel, Schnitzel mit Soße, Knödel, Lasagne, Gratins, mit Käse überbackene Gerichte, Toast, Mehlspeisen wie Kaiserschmarrn, Obstknödel
- Kuchen, Torten, Eis, Cremes und Ähnliches
- Pizza
- Sahnesoßen, Pastasoßen mit Sahne
- Soßen, Salatsoßen
- Suppen, vor allem Cremesuppen

Wenn sich Gäste mit Laktoseintoleranz ansagen

Du hast Gäste eingeladen, die Laktose nicht vertragen? Sprich sie am besten darauf an, wie sie mit ihrer Laktoseintoleranz umgehen. Und frage sie, wie du das Essen zubereiten musst, damit sie die Einladung auch genießen können:

- Viele Menschen mit Laktoseintoleranz vertragen kleine Mengen Laktose. Solange du ihnen nicht ein Essen mit ausgesprochen viel Laktose servierst, können sie ganz normal zugreifen. Ungünstig wäre etwa ein Menü aus Cremesuppe, Pasta mit Sahnesoße und Tiramisu als Dessert. Verträglicher sind z. B. eine klare Suppe oder Antipasti als Vorspeise, eine Hauptspeise ohne Sahnesoße und ein laktosefreies Dessert.
- Manche Menschen nehmen bei Einladungen einfach Laktase-Tabletten zum Essen dazu. Die enthalten das Enzym, das die Laktose aufspaltet und verträglich macht. Wenn das der Fall ist, kannst du kochen wie gewohnt.
- Andere sind sehr empfindlich und freuen sich, wenn du Rücksicht auf ihre Unverträglichkeit nimmst. Frag sie, was sie vertragen und worauf du achten musst.
- Je nachdem, wie gut ihr euch kennt und wie die Einladung aussieht, könntest du die Gäste mit der Laktoseintoleranz fragen, ob sie vielleicht einen Kuchen für den Nachtisch mitbringen möchten. Den können alle essen, auch die, die Laktose vertragen. Da hat also jeder etwas davon!
- Bei Grillpartys: Achte vor allem auf Laktose in Burger Buns, in mariniertem Fleisch, den Bratwürsten, den Beilagen, den Soßen und dem Knabberzeug!

LAKTOSEFREI BACKEN: SO GELINGT'S

Wenn du laktosefrei backen willst, musst du wissen, welche Zutaten du problemlos verwenden kannst, welche Zutaten Laktose enthalten können und wie du diese Zutaten durch laktosefreie Alternativen ersetzt. In diesem Kapitel findest du alles, was du dazu wissen musst.

Die richtigen Zutaten

Laktosefrei backen ist nicht schwer. Du musst nur darauf achten, dass du ausschließlich mit laktosefreien Zutaten backst. Wie das geht, erfährst du in diesem Abschnitt.

Garantiert laktosefreie Backzutaten

Bei diesen Backzutaten kannst du dich darauf verlassen, dass sie laktosefrei sind (in alphabetischer Reihenfolge):

- Backpulver
- Eier
- Gelatine
- Gemüse: Kartoffeln, Zucchini, Karotten, Kürbis, Mais, Tomaten ...
- Getreide: Weizen, Dinkel, Roggen, Hirse, Buchweizen ...
- Gewürze pur: Salz, Zimt, Nelken, Kardamom, Muskatnuss, Thymian, Majoran, Oregano ...
- Kokosöl, Kokosfett
- Mehl: helles Mehl, Vollkorn-, Reis-, Buchweizenmehl ...
- Natron
- Nüsse, Samen, Körner: Walnüsse, Haselnüsse, Pekannüsse, Kürbiskerne, Sonnenblumenkerne, Mandeln, Mohn ...
- Obst: Äpfel, Bananen, Erdbeeren, Kirschen, Orangen, Aprikosen, Beeren aller Art ...
- Pflanzenöle
- Stärke: Kartoffelstärke, Maisstärke, Weizenstärke ...
- Süßungsmittel wie Honig, Ahornsirup, Reissirup, Birnendicksaft, Agavendicksaft
- unverarbeitete Verdickungsmittel und Bindemittel: Guarkernmehl, Johannisbrotkernmehl, Pektine
- vegane Produkte wie vegane Schokolade oder vegane Plätzchen

- Zucker: weißer Zucker, brauner Zucker, Puderzucker, Hagelzucker, Würfelzucker, Rohrohrzucker ...

Das solltest du dazu wissen:

- Vegane Produkte werden ohne tierische Produkte hergestellt, enthalten also keine Milch oder Milchprodukte. Greif ruhig zu bei Pflanzendrinks oder veganen Keksen!
- Butterreinfett, auch Butterschmalz oder Schmalzbutter genannt, enthält 0,1 % Laktose pro 100 g und gilt somit als laktosefrei. Du kannst es problemlos verwenden.
- Fertigmischungen für Brownies, Kuchen, Muffins, Torten können Laktose enthalten, müssen aber nicht. Du musst die Zutatenliste lesen (siehe die sechs Tipps auf S. 22–25).
- Lang gereifter Käse wie Parmesan gilt als laktosefrei. Im Käse ist zwar ursprünglich Laktose enthalten, im Reifeprozess wird sie jedoch abgebaut (siehe Tipp 6 auf S. 24).

Bei welchen Zutaten du mit Laktose rechnen musst

Viele Backzutaten enthalten Laktose. Bei einigen ist es offensichtlich, z. B. bei Milchprodukten wie Sahne oder Mascarpone. Etwas kniffliger wird es mit Backzutaten, bei denen nicht auf Anhieb klar ist, dass sie auf der Basis von Milch hergestellt werden, etwa Karamell oder Schokolade.

Hier findest du Informationen zu Backzutaten, die in der Regel Laktose enthalten. Dazu gibt es Tipps, wie du sie verwendest und wie du Alternativen findest.

Fertigteige

Viele Fertigteige enthalten Laktose. Es gibt aber immer mehr laktosefreie Fertigteige im Handel. Du musst die Zutatenlisten lesen und wirst vermutlich auch Produkte ohne Laktose entdecken. In Österreich und Deutschland gibt es z. B. eine große Auswahl an veganen Fertigteigen von Tante Fanny, etwa Blätterteig, Plunderteig, Mürbteig, Flammkuchenteig.

Karamell

Gekauftes Karamell, Karamellbonbons und Karamellsoßen enthalten sehr viel Laktose. Da hilft nur eins: Rezepte mit Karamell vermeiden oder selber Karamell machen, z. B. nach dem Rezept auf S. 62.

Käse für herzhaftes Backen

Lange gereifte Käse wie Parmesan, alter Gouda oder alter Bergkäse enthalten keine Laktose. Du kannst sie bedenkenlos verwenden. Bei jungem Käse, also Mozzarella, Brie, Camembert oder Feta, musst du die Etiketten lesen (siehe S. 23, Tipp 5). Manchmal hat man Glück und entdeckt dabei laktosefreie Produkte, die gar nicht als laktosefrei gekennzeichnet sind.

Milch und Milchprodukte

In Milch und Milchprodukten ist Laktose enthalten. Statt den „normalen" Produkten kannst du zu den laktosefreien Varianten greifen, allerdings nur, wenn du keine Milcheiweiß-Allergie hast.

Laktosefreie Milch und Milchprodukte wie Frischkäse, Quark und Mascarpone verhalten sich beim Kochen und Backen genauso wie „normale" Milchprodukte und schmecken (fast) genauso. Milch und Sahne sind etwas süßer als die „normalen" Produkte, aber kombiniert mit weiteren Zutaten schmeckt man in den Kuchen und Torten keinen Unterschied heraus.

Manche Milchprodukte gibt es nur selten oder gar nicht laktosefrei zu kaufen. Einige davon kannst du selber laktosefrei herstellen, z. B. Buttermilch und Kondensmilch (siehe Rezepte auf S. 60 und 65).

Statt laktosefreier Milch und laktosefreien Milchprodukten kannst du pflanzliche Produkte wie Haferdrink und -joghurt, Mandeldrink und -joghurt, Sojadrink und -joghurt verwenden. Rührteige klappen mit Pflanzendrinks sehr gut, vor allem, wenn der Flüssigkeitsanteil nicht zu hoch ist. Allerdings ist mit Pflanzendrinks die Konsistenz des Teiges etwas anders als mit Milchprodukten.

Butter enthält Laktose, aber in so geringen Mengen, dass sie im Normalfall verträglich ist. Wenn du dir nicht sicher bist, ob du Butter verträgst, greifst du besser zu laktosefreier Butter oder pflanzlicher Margarine.

> Wenn du dir nicht sicher bist, ob du Butter verträgst, greifst du besser zu laktosefreier Butter oder pflanzlicher Margarine.

Nougat

Nougat enthält viel Laktose. Mittlerweile findet man in gut sortieren Supermärkten auch veganes Nougat. Wenn nicht, kannst du es online bestellen (siehe Anhang).

Plätzchen für No-Bake-Rezepte und Plätzchenböden

Mithilfe der sechs Tipps für den Einkauf (ab S. 22) solltest du im Supermarkt laktosefreie Plätzchen entdecken. Oft wird man bei den Bio-Plätzchen fündig.

Schokoaufstriche, Schokocremes, Nuss-Nougatcreme

Schokoaufstriche und Schokocremes enthalten normalerweise jede Menge Laktose. Es gibt mittlerweile auch laktosefreie Produkte zu kaufen. In diesem Buch findest du zwei Rezepte für selbst gemachte Schokoaufstriche: Eine Nougatcreme mit Frischkäse (siehe S. 66) und einen Nuss-Schoko-Aufstrich (siehe S. 67).

Schokolade

Vollmilchschokolade und weiße Schokolade enthalten immer Laktose. Dunkle Schokolade ist meistens laktosefrei, aber nicht immer. Je höher der Kakaoanteil, desto größer die Wahrscheinlichkeit, dass die Schokolade laktosefrei ist. Lies sicherheitshalber die Zutatenliste.

Es gibt im Supermarkt und im Reformhaus verschiedene laktosefreie Schokoladen von Herstellern, die sich auf laktosefreie (Milch-)Produkte spezialisiert haben, z. B. von MinusL. Ich persönlich greife bei Vollmilchschokolade und weißer Schokolade gerne zu veganen Schokoladen.

Kochschokolade enthält normalerweise Laktose. Nimm stattdessen laktosefreie dunkle Schokolade. Die ist zwar teurer, schmeckt aber schokoladiger als Kochschokolade und gibt Plätzchen, Kuchen und Torten einen tollen Geschmack. Brownies und Chocolate Chip Cookies schmecken damit sogar besser als gewohnt!

Schokodrops/Chocolate Chips enthalten oft Laktose. Du kannst sie durch grob gehackte dunkle laktosefreie Schokolade ersetzen.

Wenn du größere Mengen Schokostreusel brauchst, rasple sie einfach von laktosefreier dunkler Schokolade ab.

Schokostreusel können Laktose enthalten. Meistens werden beim Backen und Dekorieren aber so wenige Schokostreusel verwendet, dass sie bei Laktoseintoleranz kein Problem sind. Falls größere Mengen gefragt sind, rasple einfach mit einer groben Reibe Streusel oder Späne von laktosefreier dunkler Schokolade ab.

Manche Fertig-Schokoglasuren sind Fettglasuren; die sind häufig laktosefrei.

Alternativen für laktosehaltige Backzutaten

In dieser Tabelle stehen links die Backzutaten, die normalerweise Laktose enthalten, und rechts die laktosefreie Alternative.

LAKTOSEHALTIGE ZUTAT	LAKTOSEFREIE ALTERNATIVE
Butter (enthält auch „normal" nur wenig Laktose)	laktosefreie Butter, vegane Butter, Margarine ohne Milchanteile
Buttermilch	laktosefreie Buttermilch, selbst gemachte laktosefreie Buttermilch (siehe S. 60)
Chocolate Chips/Schokostückchen	selbst gemachte Chocolate Chips/Schokostückchen (siehe S. 47)
Fertigteige	vegane Fertigteige

LAKTOSEHALTIGE ZUTAT	LAKTOSEFREIE ALTERNATIVE
Frischkäse	laktosefreier Frischkäse, vegane Käseaufstriche oder -cremes, selbst gemachter laktosefreier Frischkäse (siehe S. 64)
Karamell/Salzkaramell	selbst gemachtes Karamell/Salzkaramell (siehe S. 62)
Kochschokolade	laktosefreie dunkle Schokolade mit 70 %, 60 % oder 50 % Kakaoanteil, vegane dunkle Schokolade
Kondensmilch	selbst gemachte Kondensmilch (siehe S. 65)
Milch	laktosefreie Milch, Pflanzendrinks wie Haferdrinks, Mandeldrinks, Sojadrinks
Nougat	veganes Nougat
Plätzchen oder Butterkeks (für No-bake-Böden)	laktosefreie Plätzchen, vegane Plätzchen, Oreo Cookies, Lotus Karamellgebäck
Sahne	laktosefreie Sahne, Hafersahne, vegane Schlagcremes
Schokocreme, Nuss-Nougatcreme	laktosefreie Schokocreme, selbst gemachte Schokocreme (siehe S. 66 u. 67)
Schokostreusel	grobe Raspel von laktosefreier dunkler Schokolade
Vollmilchschokolade	laktosefreie Milchschokolade, vegane Schokolade, etwa auf Basis von Reis oder Soja
weiße Schokolade oder Kuvertüre	laktosefreie weiße Schokolade, vegane weiße Schokolade, etwa auf Basis von Reis oder Soja

Laktosefrei backen: So backe ich

Beim Backen ist mir ganz wichtig, dass alles schmeckt wie gewohnt. Laktosefrei darf nicht nach Verzicht und Diät schmecken. Da gehe ich keine Kompromisse ein!

Hier erfährst du ganz genau, wie ich backe. Und wie ich Backrezepte so abändere, dass sie laktosefrei sind.

- Ich backe mit laktosefreien Milchprodukten. Die verhalten sich beim Backen so wie normale Milchprodukte. Vom Geschmack her sind sie etwas süßer als normale Milchprodukte. Wenn sie zu Chocolate-Chip-Cookies, Schokokuchen und Cheesecakes verarbeitet sind, schmeckt man das aber nicht heraus.
- Ich verwende beim Backen normale Butter. Butter wird bei Laktoseintoleranz meistens gut vertragen, ich habe keinerlei Probleme damit. Wenn du sehr empfindlich bist, entscheide selbst, ob du normale oder laktosefreie Butter verwenden willst.
- Wenn ich keine laktosefreie Buttermilch zu kaufen bekomme, mache ich sie selber. Meine Rezepte findest du auf S. 60.
- Füllungen für Kuchen und Torten bereite ich gerne mit laktosefreiem Frischkäse, laktosefreiem Quark und/oder laktosefreiem Mascarpone zu. Das klappt hervorragend.
- Laktosefreie Sahne verwende ich nie pur, weil ich den Geschmack nicht mag. Sie schmeckt süßer als normale Sahne und hat für mich einen unangenehmen Beigeschmack. Als Teil einer Creme funktioniert Sahne aber gut, z. B. in Kombination mit Kaffee, Schokolade oder Nüssen.
- Für Plätzchenböden nehme ich laktosefreie Vollkornplätzchen, am liebsten laktosefreie Haferplätzchen.
- Statt Kochschokolade nehme ich dunkle Schokolade mit 70 % Kakaoanteil, manchmal auch mit 60 % oder 50 %, je nachdem, was ich im Supermarkt gerade bekomme. Dabei achte ich immer darauf, dass die Schokolade laktosefrei ist.

- Schokoglasuren mache ich immer selber. Ich mag sie gerne mit viel Schokolade und einer kleinen Menge Butter, z. B. 100 g laktosefreie dunkle Schokolade und 1–2 EL Butter. Wenn die Glasur glänzen soll, gebe ich 1 TL Kokosfett dazu.
- Schokocreme und Nuss-Nougatcreme mache ich entweder selber nach den Rezepten auf S. 66 und S. 67 (mein Lieblingsrezept!), oder ich bestelle mir gute vegane Produkte im Internet.
- Auf Backmischungen und Fertigglasuren verzichte ich komplett.
- Für Rezepte mit Nougat nehme ich veganes Nougat der österreichischen Firma Zotter, am liebsten das Haselnussnougat oder Walnussnougat. Qualität und Geschmack sind großartig. Das Nougat bestelle ich online.
- Für herzhaftes Backen greife ich zu lange gereiftem Käse wie Bergkäse, altem Gouda oder Parmesan. Bei Weichkäse wie Mozzarella oder Camembert achte ich darauf, dass ich laktosefreie Produkte verwende.

Was sich nicht laktosefrei backen lässt, gibt es bei mir einfach nicht. Hier einige Beispiele:

- Karamellkuchen und Karamell-Brownies, die mit geschmolzenen Karamellbonbons zubereitet werden.
- Cheesecakes oder andere Kuchen mit Ricotta. Den konnte ich noch nirgends laktosefrei entdecken.
- Cake Pops mit Candy Melts, diesen bunten Schokodrops, die geschmolzen werden und in die die Cake Pops getaucht werden. Sie enthalten leider jede Menge Laktose.
- Schwarzwälder Kirschtorte und Sahnetorten habe ich noch nicht gebacken. Ich befürchte, dass sie wegen dem hohen Anteil an Sahne nicht so gut schmecken wie „normal“.

Meine liebsten laktosefreien Backzutaten

> Der Trend zu veganer Ernährung führt zu einer immer größeren Auswahl an laktosefreien Produkten.

Die Produkte, die ich hier nenne, verwende ich selber. Sie bereichern meinen Speiseplan sehr! Ich kann jetzt endlich wieder Leckereien backen und genießen, auf die ich vor einigen Jahren noch verzichten musste.

Noch ein Hinweis: Die Rezepturen für Produkte können sich von Land zu Land unterscheiden. In Österreich sind die Produkte auf dieser Liste laktosefrei. Wenn du in Deutschland, der Schweiz oder einem anderen Land wohnst, musst du die Zutatenliste überprüfen, so wie auf S. 22–25 erklärt.

Milchprodukte

Ich verwende alle laktosefreien Milchprodukte, die ich im Supermarkt zu kaufen bekomme. Ich finde die Qualität sehr gut. Nur gute laktosefreie Sahne habe ich noch nicht entdeckt. Mein liebster laktosefreier Frischkäse ist von Philadelphia.

Schokolade zum Backen

Lindt mild 70 % Kakaoanteil, Ritter Sport Edelbitter 73 % Kakaoanteil, Ritter Sport Halbbitter 50 % Kakaoanteil, Zotter Kuvertüre 70 % und Zotter Kuvertüre 60 %

Nougat

Zotter Choco Nougat Haselnuss, Zotter Choco Nougat Walnus

Plätzchen

Manner Biskotten, Oreo Cookies Classic, Wasa Cereal Biscuits

Sonstiges

Lotus Karamellcreme, vegane Fertigteige von Tante Fanny: Blätterteig, Dinkel-Blätterteig, Plunderteig, Flammkuchenteig, Mürbteig

Tipps zum Backen und Zubereiten

Backzutaten

Hier findest du Informationen zu den Backzutaten, die ich für die Rezepte im Buch verwende.

Ahornsirup

Die Qualität von Ahornsirup erkennst du am Grad: Grad A ist hell, sehr hochwertig, fein-mild und aromatisch. Er wird in den ersten beiden Wochen der Erntezeit geerntet. In Kanada gibt es sogar den besonders hellen und feinen Grad AA. Er wird allerdings kaum exportiert. In Europa erhält man im Handel nur Grad A.

Ahornsirup Grad B und C werden später geerntet. Grad B bezeichnet einen dunkleren und kräftigeren Ahornsirup, Grad C ist noch dunkler und aromatischer. Ich verwende Grad A, wenn ich ihn zu kaufen bekomme, sonst Grad B.

Brauner Zucker

Brauner Zucker kann aus Rüben oder Zuckerrohr hergestellt sein. Er ist ein Zwischenprodukt bei der Herstellung von weißem Zucker. Seine Farbe hat er von der Melasse, dem dunklen Zuckersirup, der bei der Erzeugung von Zucker entsteht. Brauner Zucker gibt Backwaren und Gebäck einen karamelligen Geschmack.

Butter

Ich backe mit normaler Butter, manchmal auch mit laktosefreier Butter.

Eier

Ich verwende fast immer Bio-Eier der Größe L, nur bei den Zitronen-Cupcakes ausnahmsweise Größe M. Die Eier kaufe ich bei Bauern auf dem Wochenmarkt.

Gelatine

Gelatine macht Füllungen und Cremes stabil und haltbar. Ich verwende Blattgelatine.

Grieß

Für süße Mehlspeisen wie Grießschmarrn und Grießknödel nehme ich Weichweizengrieß.

Hefe

Für Hefeteige verwende ich meistens Trockenhefe. Die habe ich auf Vorrat im Haus, sodass ich flexibel bin und jederzeit Hefeteig zubereiten kann.

Mehl

Mit „Mehl" ist glattes Weizenmehl gemeint. In Deutschland ist das Type 405, in Österreich Type W480/glatt, in der Schweiz Weißmehl. Statt glattem Weizenmehl kannst du auch helles Dinkelmehl nehmen. In Deutschland ist das Type 630, in Österreich Type D700/glatt.

Bei zwei Rezepten verwende ich griffiges Mehl; das ist etwas gröber vermahlen als glattes Mehl und nimmt Flüssigkeit besser auf. In Deutschland ist das Type 550, in Österreich Type W480.

Puderzucker

Puderzucker ist besonders fein gemahlener Zucker: Er ist so fein, dass er an Puder erinnert. In Österreich heißt er Staubzucker.

Quark

Die Konsistenz von Quark ist je nach Fettgehalt und nach Land unterschiedlich. In Österreich sind laktosefreier Magerquark mit 0,5 % Fettgehalt und laktosefreier Quark mit 20 % Fettgehalt erhältlich. Beide Produkte sind eher fest, nicht cremig.

Tipp: Wenn sich in der Quarkpackung Flüssigkeit abgesetzt hat, gießt du sie vor dem Verarbeiten ab.

Rohrohrzucker

Rohrohrzucker wird aus Zuckerrohr hergestellt. Er enthält mehr Melasse als raffinierter weißer Zucker und ist deshalb hellbraun. Er gibt Kuchen, Cookies und Brownies eine leichte Karamellnote. Rohrohrzucker gibt es in einer groben und einer feinen Variante. Ich mag die feinere Variante lieber, weil sie sich in Teigen besser auflöst.

Speisestärke

Speisestärke kann Maisstärke, Kartoffelstärke oder Weizenstärke sein. Speisestärke ist geschmacksneutral und sehr fein. Sie macht Teige besonders luftig. Beim Backen ist sie meistens nicht unbedingt nötig; wenn du keine daheim hast, kannst du stattdessen Mehl nehmen.

> Speisestärke ist geschmacksneutral, sehr fein und macht Teige besonders luftig.

Speisestärke wird auch verwendet, um Fruchtsoßen oder Kompott zu binden und einzudicken. In diesem Fall lässt sie sich nicht durch Mehl ersetzen.

Vanillezucker

Ich verwende ausschließlich Bourbon-Vanillezucker oder selbst gemachten Vanillezucker. Vanillin vermeide ich.

Zucker

Ich nehme meistens weißen Feinkristallzucker oder Backzucker, einen besonders feinen Feinkristallzucker.

Backrohreinstellungen, Stäbchenprobe und mehr

Hier findest du viele Tipps und Tricks rund ums Backen, damit alles klappt wie geplant und deine Backwerke richtig lecker werden!

Backblechgröße

Meine Backbleche haben eine Größe von 40 cm Länge und 32 cm Breite.

Backrohr und Backtemperatur

Ich backe mit Ober-/Unterhitze oder mit Umluft; bei den Rezepten gebe ich die Einstellung immer an.

Bei Ober-/Unterhitze wird in der Regel auf der zweiten Schiene von unten gebacken. Bei Umluft kannst du mehrere Bleche gleichzeitig backen. Du musst die Backrohr-Anleitung beachten. Bei meinem Ofen kann ich mit Umluft auf allen Schienen backen, außer auf der zweiten Schiene von unten.

Jeder Ofen ist anders

Backrohre backen unterschiedlich; die Temperaturanzeige ist oft nicht exakt. Während bei dem einen Backrohr ein Kuchen nach einer Stunde bei 180 °C fertig ist, muss er bei einem anderen vielleicht fünf bis zehn Minuten länger drinbleiben. Du kennst dein Backrohr am besten und musst unter Umständen die Backzeiten anpassen. Deshalb solltest du bei jedem Kuchen und bei jeder Torte die Stäbchenprobe machen (siehe weiter unten, Stäbchenprobe).

Böden aus Plätzchenkrümeln/No-bake-Böden

Bei diesen Böden müssen die Krümel sehr fest in die Form gedrückt werden. Das klappt am besten mit der Unterseite eines Trinkglases.

Butter schmelzen

Butter darf nur bei sehr niedriger Temperatur geschmolzen werden.

Chocolate Chips oder Schokostückchen herstellen

Für laktosefreie Chocolate Chips oder Schokostückchen hackst du laktosefreie dunkle Schokolade in grobe Stücke und rüttelst sie im Nudelsieb über einem Teller ordentlich durch. Die kleinen Schokospäne fallen in den Teller, die groben Schokostücke bleiben im Sieb. Sie lassen sich im Teig verteilen, ohne dass sich der Teig braun verfärbt. Aus den kleinen Schokospänen im Teller mache ich gern heiße Schokolade.

Eischnee schlagen

Damit der Eischnee gelingt, müssen Rührschüssel und Rührhaken sauber und fettfrei sein. Es dürfen keine Spuren von Eigelb im Eiklar sein.

Beim Eischneeschlagen gehst du so vor: Du schlägst das Eiklar erst auf niedriger Stufe leicht schaumig, dann auf mittlerer bis hoher Stufe bis zur gewünschten Festigkeit.

Eischnee für Biskuit oder Rührteige sollte nur cremig-steif sein, nicht komplett steif. Dann verbindet er sich besser mit der Teigmasse.

> Eischnee für Biskuit oder Rührteige sollte nur cremig-steif sein, nicht komplett steif.

Form einfetten

Bei vielen Rezepten musst du die Form mit Butter, Öl oder Backtrennspray einfetten, damit das Gebäck gut aus der Form kommt. Ich nehme gerne geschmolzene Butter. Besonders wichtig ist das Einfetten bei Gugelhupf: Der bleibt sonst in der Form hängen und zerbricht beim Herausnehmen.

Gelatine verarbeiten

Blattgelatine wird einige Minuten in kaltes Wasser gelegt, bis sie weich wird. Danach drückst du sie aus und schmilzt sie bei sehr niedriger Hitze, oder du löst sie direkt in heißer Flüssigkeit oder Creme auf.

Wenn du Gelatine mit kalten Cremes vermischen willst, gehst du folgendermaßen vor: Du vermischst einige Löffel Creme mit der aufgelösten Gelatine, sodass sie sich gleichmäßig in der Creme verteilt. Diese Mischung rührst du unter die restliche Creme. Das nennt sich „Angleichen". Damit verhinderst du, dass sich in der Creme Gelatineschlieren bilden.

Achtung: Nicht jede Gelatine lässt sich schmelzen. Manche sind nur für die Verarbeitung in Flüssigkeit oder Creme geeignet. Lies unbedingt die Anleitung auf der Packung durch!

Karamell kochen

Für Karamell gibst du feinen Zucker in einen großen Topf oder eine Pfanne und erhitzt ihn bei mittlerer Hitze, bis er am Rand zu schmelzen beginnt. Du darfst den Topf oder die Pfanne dabei schütteln und bewegen, solltest aber nicht umrühren.

Erst wenn der Zucker schmilzt und sich hellbraun verfärbt, rührst du mit einem Kochlöffel, bis sich der gesamte Zucker aufgelöst hat und goldgelb ist. Je nach Rezept gibst du nun weitere Zutaten (Butter, Sahne) dazu oder nimmst das Karamell vom Herd.

So gelingt das Karamell:

- Der Herd darf nicht zu heiß sein, sonst verbrennt das Karamell.
- Nicht zu früh rühren, sonst bilden sich Zuckerklumpen, die nur schlecht oder gar nicht schmelzen.
- Sobald das Karamell goldgelb ist, nimmst du es von der Hitze. Auch dann, wenn noch Zuckerklumpen drin sind: Das Karamell darf auf keinen Fall zu dunkel werden, sonst schmeckt es bitter!
- Falls Klumpen in deinem Karamell sein sollten, gießt du es lauwarm durch ein Teesieb. Die Klumpen bleiben im Sieb, dein Karamell ist samtig und glatt – genau so, wie es sein soll.

Mehl sieben

Bei luftigen und feinen Teigen wie Biskuit solltest du das Mehl sieben oder kräftig mit dem Schneebesen durchrühren, bevor du es in den Teig gibst. Dadurch lockerst du das Mehl auf und verhinderst, dass Mehklumpen im Teig sind. Für Mürbteig und Hefeteig muss das Mehl nicht gesiebt werden.

Nüsse oder Kokosflocken rösten

Nüsse oder Kokosflocken röstest du bei mittlerer Hitze in einer beschichteten Pfanne. Behalte sie gut im Auge: Nüsse und Kokosflocken können rasch verbrennen. Gib sie nach dem Rösten sofort auf einen Teller, sonst dunkeln sie in der heißen Pfanne nach und verbrennen nachträglich.

Puderzucker sieben

Puderzucker zieht Feuchtigkeit an und klumpt leicht. Du solltest ihn sieben, bevor du ihn verarbeitest. So vermeidest du Zuckerklumpen im Teig oder in der Glasur.

Schokolade schmelzen

Schokolade schmilzt du entweder bei sehr niedriger Temperatur auf dem Herd oder besser im Wasserbad (siehe weiter unten, Wasserbad).

Stäbchenprobe

Mit der Stäbchenprobe findest du heraus, ob ein Kuchen durchgebacken ist: Du steckst ein Holzstäbchen oder einen dünnen Metallspieß in die Mitte des Kuchens. Wenn daran feuchte Krümel oder sogar roher Teig haften, muss der Kuchen weiterbacken.

Torte begradigen

Um die Torte zu begradigen, schneidest du die Kuppel, die sich beim Backen gebildet hat, mit einem scharfen Messer ab. Ich nehme dafür gerne ein gutes Brotmesser.

Tortenböden halbieren

Für das Halbieren von Tortenböden gibt es einen Trick: Du schneidest den Tortenrand in der gewünschten Höhe mit einem scharfen Messer rundherum etwa 1 cm dick ein. In den Schnitt legst du ein langes Stück Bindfaden oder Nähgarn, die Enden lässt du heraushängen. Jetzt fasst du die Enden über Kreuz und ziehst du sie langsam und möglichst waagrecht nach links und rechts auseinander. Der Boden wird sauber und glatt in zwei Hälften geteilt.

Beim Unterheben darf die Luft nicht aus dem Teig herausgeschlagen werden.

Unterheben

Beim Unterheben mischt du eine Zutat mit dem Schneebesen oder einem Teigspatel sehr vorsichtig unter den Teig. Die Luft darf dabei nicht aus dem Teig herausgeschlagen werden.

Vanillezucker selber machen

Für Vanillezucker vermische ich Vanillemark in Bio-Qualität mit feinem Backzucker. Auch aus Vanilleschoten mache ich Vanillezucker: Wenn bei Rezepten nur das Vanillemark benötigt wird, gebe ich die ausgekratzte Schote in ein Schraubglas mit feinem Zucker. Vanilleschoten, die in Kompott oder Sahne mitgekocht wurden, wasche ich ab, trockne sie und gebe sie ebenfalls in das Schraubglas. Das Aroma ist stark genug, um den Zucker zu aromatisieren.

Wasserbad

Du füllst einen Topf etwa 2–3 cm hoch mit Wasser und erhitzt es bis kurz vor dem Siedepunkt, es darf nicht kochen. Darüber stellst du eine Rührschüssel, am besten eine aus Metall. Der Boden der Rührschüssel darf das Wasser nicht berühren.

Der Wasserdampf erhitzt die Rührschüssel und sorgt für eine gleichmäßige niedrige Hitze. Diese Temperatur ist ideal, um Schokolade zu schmelzen oder bestimmte Massen vorsichtig zu erwärmen.

Zutaten vorbereiten

Bei vielen Rezepten müssen die Zutaten Raumtemperatur haben. Nimm dafür Eier, Butter, Milch und andere Zutaten etwa eine Stunde vor Backbeginn aus dem Kühlschrank. Wenn diese Zutaten kalt sind, lassen sie sich nicht gut verarbeiten und verbinden sich nur schlecht.

Rührteige können gerinnen, wenn die Eier zu kalt sind. Wenn du die Eier nicht rechtzeitig aus dem Kühlschrank genommen hast, lege sie etwa zehn Minuten in eine Schüssel mit warmem Wasser. Nicht optimal, aber es hilft ein bisschen.

Teige und ihre Zubereitung

Manche Teige sind superempfindlich, andere brauchen kräftiges Kneten. Hier erfährst du, worauf du bei den verschiedenen Teigen achten musst.

Biskuitteig

Für Biskuitteig werden zunächst Eier, Zucker und evtl. Flüssigkeit sehr hell und luftig geschlagen. Das Mehl, manchmal auch Nüsse und/oder flüssige Butter werden nur kurz und vorsichtig mit einem Teigspatel oder Schneebesen untergehoben.

Bei manchen Rezepten wird als letzter Schritt Eischnee zugegeben. Auch den musst du sehr vorsichtig unterheben, sonst geht die Luftigkeit verloren.

Hefeteig

Bei Hefeteig sorgt frische Hefe oder Trockenhefe dafür, dass der Teig aufgeht und luftig wird. Ich arbeite fast immer mit Trockenhefe. Damit ist die Zubereitung von Hefeteig einfach: Du gibst die Trockenhefe direkt zu den weiteren Zutaten und knetest alles zu einem elastischen Hefeteig.

Du kannst mit Trockenhefe aber auch ein „Dampfl" zubereiten und die Hefe arbeiten lassen, bevor du sie zum Teig gibst. Dafür löst du die Trockenhefe in etwas lauwarmer Flüssigkeit auf, in Milch oder Wasser. Die Mischung lässt du fünf bis zehn Minuten stehen, bis sich Blasen bilden. So kannst du sicher sein, dass die Hefe aktiv ist. Dann gibst du alles zu den restlichen Zutaten und bereitest den Teig zu. Diese Methode funktioniert super!

> Die Flüssigkeit, die du zum Hefeteig gibst, darf nicht wärmer als maximal 38 °C sein.

Ganz wichtig: Die Flüssigkeit, die du zum Hefeteig gibst, darf nicht wärmer als maximal 38 °C sein. Das ist etwa Körpertemperatur und fühlt sich auf den Lippen nur ganz leicht lauwarm an. Wenn die Flüssigkeit zu warm ist, stirbt die Hefe ab und der Teig geht nicht auf. Das gilt für frische Hefe genauso wie für Trockenhefe.

Hefeteig muss mindestens fünf Minuten geknetet werden, bis er glatt und elastisch ist, gerne mehr. Je nach Rezept muss er einoder zweimal gehen: Du deckst die Rührschüssel mit einem sauberen Küchentuch ab und stellst sie an einen warmen Ort, bis der Teig sein Volumen deutlich vergrößert hat. Vor dem Weiterverarbeiten knetest du ihn kurz und vorsichtig durch.

Mürbteig

Für Mürbteig werden Mehl, Butter, Eier und je nach Rezept weitere Zutaten rasch zu einem glatten Teig geknetet. Zwei Dinge sind wichtig: Die Zutaten müssen kalt sein. Du nimmst sie am besten erst direkt vor der Zubereitung aus dem Kühlschrank. Und: Du darfst den Mürbteig nicht zu lange kneten, er wird sonst brandig, das heißt, er verliert die Bindung.

Bei der Zubereitung von Hand gibst du erst die trockenen Zutaten auf die Arbeitsfläche. Darüber kommen die Butter in kleinen Stücken und das Ei. Du verknetest alles rasch zu einem glatten Teig.

Ich mache Mürbteig lieber mit der Küchenmaschine, mit dem K-Haken. Nach einigen Minuten Kneten verbinden sich die Zutaten zu einem Teig. Wenn nötig, knete ich den Teig noch kurz von Hand durch, bis sich alles gut verbunden hat.

Mürbteig sollte vor der Verarbeitung etwa eine Stunde kühlen. Falls er danach zu fest zum Verarbeiten sein sollte, kannst du ihn in zwei bis drei Teile schneiden und kurz von Hand kneten, bis er geschmeidig ist.

Mürbteig in die Form bekommen

So bekommst du den ausgerollten Mürbteig in die Form: Du wickelst den Teig locker über den Teigroller, hebst ihn über die Form und rollst ihn dort vorsichtig ab.

Zu knifflig? Es gibt einen einfachen Trick: Forme den Mürbteig vor dem Kühlen zu einer Rolle mit ca. 5 cm Durchmesser. Nach dem Kühlen schneidest du die Rolle in 3–4 mm dicke Scheiben und legst sie möglichst lückenlos nebeneinander in die Form. Zuletzt besserst du von Hand nach, bis du eine durchgehende Platte hast.

Rührteig

Bei Rührteigen werden in der Regel erst Butter, Zucker, Eier und andere Zutaten gut schaumig gerührt. Das dauert mit der Küchenmaschine oder dem Handmixer mehrere Minuten. Das Mehl und eventuell Nüsse, Schokolade oder andere Zutaten kommen erst am Schluss dazu.

Wichtig ist, dass das Mehl bzw. die Mehlmischung nur kurz untergerührt wird. Wenn du zu lange rührst, wird der Teig mehlig und pappig schmecken.

Wenn du Rührteig zu lange rührst, schmeckt der Teig mehlig und pappig.

Geräte und Zubehör

Keine Sorge, du musst keinen Großeinkauf machen, bevor du die Rezepte in diesem Buch backst. Lies das Rezept, das du backen willst, vorher durch und sieh nach, ob du alles vorrätig hast – das meiste davon wirst du ohnehin in deiner Küche finden.

Damit du trotzdem eine vollständige Übersicht hast, habe ich hier meine Ausstattung aufgelistet:

Backformen & Co.

- Auflaufform, rechteckig, ca. 20 x 30 cm; Auflaufform oval, ca. 23 x 35 cm
- Backbleche
- Backform, 20 x 20 cm, ideal mit Hebeboden
- Backpapier
- Backpinsel, am besten aus Silikon
- Backrahmen, rechteckig, verstellbar
- Gläser für Desserts im Glas
- Kartoffelpresse
- Kastenform, 10 x 30 cm
- Kuchengitter
- Muffinblech für zwölf Muffins
- Papierförmchen fürs Muffinblech
- Pizzaroller
- Springformen in verschiedenen Größen: Ø 18 cm, 20 cm, 22 cm, 24 cm
- Tarteform, geschlossen, Ø 24 cm
- Tarteform, geschlossen, Ø 30 cm, mit hohem Rand
- Tortenring, verstellbar

Zum Zubereiten und Rühren

- feines Sieb, groß
- Handmixer mit Rührhaken und Knethaken
- Kochlöffel

- Kuchengitter
- Kuchenretter (siehe Kasten)
- Küchenwaage
- leistungsstarke Küchenmaschine mit Rührhaken, K-Haken (der sieht aus wie ein „K“) und Knethaken
- Messbecher
- Pfannenwender
- Plätzchenausstecher in verschiedenen Formen und Größen
- Rührschüsseln in verschiedenen Größen
- scharfe Messer
- Schneidbretter
- Schneebesen
- Sparschäler
- Teesieb
- Teigroller
- Teigspatel
- Töpfe und beschichtete Pfannen in verschiedenen Größen
- Waffeleisen mit Herzform

Kuchenretter
Kuchenretter sind große dünne Platten, oft aus Aluminium. Du kannst damit Tortenböden oder ganze Torten problemlos aus der Form heben und auf Kuchengitter oder Tortenplatten transportieren. Sehr praktisch! Wenn du keinen Kuchenretter hast, nimmst du stattdessen zwei oder drei Pfannenwender.

Weiteres Zubehör
- Einweg-Teebeutel oder ein kleines Leinensäckchen
- Frischhaltefolie
- Holzstäbchen für die Stäbchenprobe
- Käsetuch (für die Zubereitung von Frischkäse; du kannst es durch ein grobes Küchentuch ersetzen)

- Küchentücher
- Plastikbeutel
- Schraubgläser
- Tiefkühlbehälter

Zum Dekorieren

- Spritzbeutel mit großer Sterntülle, großer Lochtülle, evtl. kleiner Lochtülle
- kleine Tortenpalette (damit klappt das Verstreichen von Cremen und Glasuren besonders gut; du kannst stattdessen aber auch ein glattes Messer verwenden)

Rezept-Symbole

Umsetzungsschwierigkeit

Manchmal ist es einfach, ein laktosefreies Rezept zu backen – weil du die Zutaten in jedem Supermarkt bekommst. Und manchmal muss man einiges an Aufwand betreiben, um sich die nötigen Zutaten zu beschaffen.

Folgende Symbole sagen dir, ob ein Rezept einfach, mittelschwer oder knifflig laktosefrei umzusetzen ist:

grüner Einkaufswagen: Das Rezept lässt sich unkompliziert umsetzen. Du brauchst nur laktosefreie Milch und (eventuell laktosefreie) Butter. Diese Zutaten bekommt man normalerweise in jedem Supermarkt.

oranger Einkaufswagen: Das Rezept lässt sich mittelschwer umsetzen. Du brauchst Zutaten aus gut sortierten Supermärkten, z. B. laktosefreie Milchprodukte wie Frischkäse, Quark, Joghurt, Sahne, saure Sahne, oder laktosefreie Fertigteige. Außerdem muss man Etiketten lesen und laktosefreie Produkte erkennen können, etwa laktosefreie Schokolade und laktosefreie Plätzchen.

lila Einkaufswagen: Die Beschaffung der laktosefreien Zutaten kann eine Herausforderung sein: Laktosefreier Mascarpone oder laktosefreie Crème fraîche sind oft schwer zu bekommen. Laktosefreies Karamell, laktosefreie Kondensmilch und andere Zutaten muss man selber herstellen. Und manche Zutaten muss man eventuell sogar online bestellen, etwa veganes Nougat.

Backschwierigkeit

Auch bei laktosefreiem Backen gilt: Manche Rezepte sind einfach und unkompliziert, andere sind aufwendig und setzen Backwissen voraus.

Diese Symbole sagen dir, ob ein Rezept leicht, mittel oder schwer zu backen ist:

- **ein Schneebesen:** einfach. Auch Backanfänger sollten das hinbekommen.
- **zwei Schneebesen:** mittelschwer. Du solltest etwas Backerfahrung sowie Zeit und Geduld mitbringen.
- **drei Schneebesen:** schwierig. Für diese Rezepte brauchst du unbedingt Erfahrung und ausreichend Zeit.

Die Backschwierigkeit deckt sich nicht immer damit, wie gut sich ein Rezept laktosefrei umsetzen lässt: Manche Rezepte mit Karamell sind wirklich einfach, wenn man Karamell im Haus hat – das muss man aber erst mal kochen!

Sticker

Diese Symbole geben dir Infos über alternative Zubereitungsarten:

- **vegan:** Das Rezept ist vegan.
- **vegan möglich:** Das Rezept lässt sich auch vegan umsetzen.
- **glutenfrei:** Das Rezept ist glutenfrei.
- **glutenfrei möglich:** Das Rezept lässt sich auch glutenfrei umsetzen.

Bei allen Rezepten gilt: Lies das Rezept vor dem Backen gut durch und bereite die Zutaten und das Zubehör rechtzeitig vor. Und bring Zeit und Liebe mit, um ohne Stress zu backen.

Ich wünsche dir viel Spaß mit den Rezepten!

LAKTOSEFREIE BACKREZEPTE

In diesem Kapitel findest du jede Menge Rezepte: Von Grundrezepten, mit denen du laktosehaltige Zutaten ersetzen kannst, über Frühstücksrezepte und unkomplizierte Leckereien bis hin zu festlichen Torten, süßem Knabberkram, herzhaften Köstlichkeiten und mehr. Einige Rezepte sind schnell zubereitet, andere brauchen Zeit. Eine Faustregel ist: Je mehr Schritte nötig sind, desto länger dauert die Zubereitung. Blättere dich durch und lass dich inspirieren!

LAKTOSEFREIE GRUNDREZEPTE

Mach dir deine laktosefreien Backzutaten selbst: Mit diesen Grundrezepten kannst du einige Zutaten herstellen, die man nur schwer oder gar nicht laktosefrei zu kaufen bekommt.

Joghurt-Milch-Mischung als Buttermilch-Alternative

Menge: ca. 270 g

Zutaten

200 g Joghurt, laktosefrei
70 ml Milch, laktosefrei

Zubereitung

Joghurt und Milch vermischen. Die Mischung sollte eine ähnliche Konsistenz haben wie Buttermilch.

Tipps

- Für Rührteige und Muffins verwende ich meistens diese Variante.
- Geht schnell und funktioniert.

Laktosefreie Buttermilch

Menge: 250 ml

Zutaten

250 ml Milch, laktosefrei
2 EL Zitronensaft

Zubereitung

Milch und Zitronensaft vermischen. 10 Minuten stehen lassen. Die Milch dickt etwas ein. Sie hat die leichte Säure von Buttermilch, ist aber dünnflüssiger.

Laktosefreies Karamell

Menge: 1–2 Schraubgläser (je nach Größe)

Zutaten

150 g feiner Zucker
250 ml Sahne, laktosefrei
30 g weiche Butter

Tipps

- Im Karamell sind kleine Zuckerklumpen? Gieße es durch ein Teesieb. Die Klumpen bleiben hängen, du bekommst glattes Karamell.
- Karamell wird beim Abkühlen fester und zähflüssiger.
- Je länger du das Karamell kochst, desto fester wird es.

Zubereitung

1. Zucker in einem großen Topf bei mittlerer Hitze erhitzen, den Topf dabei immer wieder schütteln. Sobald der Zucker an den Rändern zu schmelzen beginnt, mit dem Kochlöffel vorsichtig rühren, bis er zu goldgelbem Karamell geschmolzen ist.

2. Parallel dazu in einem kleinen Topf Sahne erhitzen.

3. Das Karamell vom Herd nehmen. Butter dazugeben und gut unterrühren. Vorsicht, das spritzt – die Tröpfchen sind sehr heiß!

4. Das Karamell bei niedriger Hitze auf den Herd stellen. Heiße Sahne auf zwei- oder dreimal dazugeben. Rühren, bis das Karamell glatt ist. Achtung, es spritzt und blubbert heftig!

5. Das Karamell etwa 5 Minuten köcheln lassen. Vom Herd nehmen, auskühlen lassen und in saubere Schraubgläser füllen. Im Kühlschrank etwa zwei Wochen haltbar.

Varianten

- Für Salzkaramell gibst du 1–2 TL Meersalzflocken in das abgekühlte Karamell.
- Für Whisky-Karamell rührst du ca. 75 ml Whisky unter das heiße Karamell und lässt es abkühlen.

Laktosefreier Frischkäse

Menge: ca. 200–230 g Frischkäse
Zubehör: großer Topf, großes feines Sieb, Käsetuch oder Küchentuch, Rührschüssel

Zutaten

1 l Vollmilch, laktosefrei
1 Prise Salz
Saft von 2 saftigen Zitronen

Zubereitung

1. Sieb mit dem Käsetuch auskleiden und in die Rührschüssel hängen.

2. Milch leicht salzen, im Topf erwärmen. Sie darf nicht kochen! Wenn die Milch gut warm ist, nach und nach unter vorsichtigem Rühren mit dem Kochlöffel den Zitronensaft dazugeben. Das Milcheiweiß flockt aus und trennt sich von der Molke. Vorsichtig weiterrühren, bis sich die gesamte Milch getrennt hat.

3. Die heiße Masse in das Sieb gießen. Gut abtropfen lassen. Frischkäse auskühlen lassen und in eine kleine Schüssel füllen. Gekühlt aufbewahren.

Tipps

- Falls der Frischkäse krümelig ist, etwas laktosefreie Sahne unterrühren.
- Bei der Herstellung von Frischkäse bleibt viel Molke übrig. Die kannst du pur trinken oder mit reifem Obst und Honig oder Ahornsirup pürieren – ein gesundes Getränk!

Laktosefreie Kondensmilch

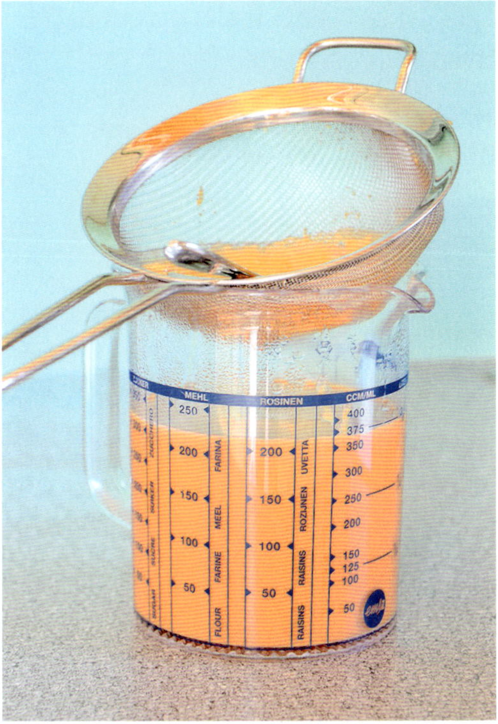

Menge: ca. 400 g
Kochzeit: ca. 90 Minuten

Zutaten

700 ml Milch, laktosefrei
225 g Zucker

Zubereitung

1. Milch und Zucker in einen großen Topf geben und verrühren. Zum Kochen bringen, dann zurückschalten. Bei sehr niedriger Hitze köcheln lassen, regelmäßig umrühren. Wenn sich die Milch um ein Drittel bis die Hälfte reduziert hat, vom Herd nehmen. Das dauert etwa 90 Minuten.

2. Abkühlen lassen. Im Kühlschrank aufbewahren.

Laktosefreie Nougatcreme mit Frischkäse

Menge: 2–3 Schraubgläser (je nach Größe)

Zutaten

100 g dunkle Schokolade, laktosefrei
100 g Nougat, laktosefrei
15 g Butter
200 g Frischkäse, laktosefrei
30 g Puderzucker

Zubereitung

1. Schokolade, Nougat und Butter bei niedriger Hitze oder im Wasserbad schmelzen. Vom Herd nehmen und in eine Rührschüssel geben.

2. Löffelweise Frischkäse dazugeben und mit dem Schneebesen unterrühren, bis sich alles zu einer glatten Masse verbindet.

3. Mit dem Handmixer den Puderzucker einarbeiten und gründlich durchrühren. In saubere Schraubgläser füllen und im Kühlschrank aufbewahren.

Laktosefreier Nuss-Schoko-Aufstrich

Menge: 1-2 Schraubgläser (je nach Größe)

Zutaten

90 g Haselnussmus
90 g Mandelmus
1 Prise Salz
2 ½ EL Maiskeimöl oder Sonnenblumenöl
2 EL Kakao
1 EL Vanillezucker
3 EL Puderzucker

Zubereitung

Alle Zutaten mit dem Handmixer auf niedriger Stufe zu einer glatten Creme rühren. Falls der Aufstrich zu fest ist, etwas Öl zugeben. Im Kühlschrank aufbewahren.

Tipp

Mit glutenfreiem Nuss- und Mandelmus und glutenfreier Vanillepaste bzw. Vanillezucker glutenfrei.

FÜR EINEN GUTEN START IN DEN TAG

Granola, Porridge & Co: Ein leckeres Frühstück gibt dir Energie und Schwung für den Tag.

Kokos-Mandel-Granola

Menge: 1 Backblech
Zubehör: Backblech, Backpapier
Backtemperatur: 150 °C Ober-/Unterhitze
Backzeit: 35–40 Minuten

Zutaten

280 g zarte Dinkelflocken oder Haferflocken
110 g Mandeln, ganz (alternativ: Walnüsse, Haselnüsse)
70 g Kokosflocken
25 g Sesam, geschält
½ TL Salz
130 ml Rapsöl oder Olivenöl
100 ml Ahornsirup

Tipp

Alle Granolas schmecken mit Milch, Joghurt, Buttermilch oder Pflanzendrinks. Besonders lecker mit frischen Beeren oder Granatapfelkernen!

Zubereitung

1. Backrohr vorheizen und das Backblech mit Backpapier belegen.
2. Mandeln grob hacken. Zusammen mit den anderen trockenen Zutaten in einer Rührschüssel vermischen.
3. Öl und Ahornsirup dazugeben. Durchrühren, bis die Mischung feucht ist.
4. Mischung gleichmäßig auf dem Blech verteilen. Auf der zweiten Schiene von unten goldgelb backen, dabei ein- bis zweimal wenden. In den letzten Minuten gut im Auge behalten: Das Granola darf nicht zu dunkel werden.
5. Das fertige Granola aus dem Rohr nehmen, auf dem Backblech abkühlen lassen. In einer luftdichten Dose aufbewahren und innerhalb von zwei Wochen verbrauchen.

Haselnuss-Zimt-Granola mit Mandelmus

Menge: 1 Backblech
Zubehör: Backblech, Backpapier
Backtemperatur: 140 °C Ober-/Unterhitze
Backzeit: 30–35 Minuten

Zutaten

150 g kernige Haferflocken
130 g kernige Dinkelflocken
75 g Haselnüsse
75 g Walnüsse
50 g Sesam, geschält oder ungeschält
60 g Mandelmus
100 ml Rapsöl oder Olivenöl
100 ml Ahornsirup
2 TL Zimt

Zubereitung

1. Backrohr vorheizen, das Backblech mit Backpapier belegen.

2. Haselnüsse und Walnüsse grob hacken. Zusammen mit den anderen trockenen Zutaten in einer Rührschüssel vermischen.

3. Mandelmus, Öl, Ahornsirup und Zimt gut verrühren. Zu den trockenen Zutaten geben und durchrühren, bis die Mischung feucht ist.

4. Die Mischung gleichmäßig auf dem Blech verteilen. Auf der zweiten Schiene von unten goldgelb backen, dabei ein- bis zweimal wenden. In den letzten Minuten gut im Auge behalten: Das Granola darf nicht zu dunkel werden.

5. Fertiges Granola aus dem Rohr nehmen, auf dem Backblech abkühlen lassen. Falls nötig, mit den Händen zerkrümeln und in kleine Stücke brechen. In luftdichter Dose aufbewahren und innerhalb von zwei Wochen verbrauchen.

Cashew-Kokos-Granola mit Reissirup

Menge: 1 Backblech
Zubehör: Backblech, Backpapier
Backtemperatur: 130 °C Ober-/Unterhitze
Backzeit: 25–30 Minuten

Zutaten

120 g Cashewnüsse
200 g zarte oder kernige Haferflocken
80 g zarte oder kernige Dinkelflocken
60 g Kokosflocken
25 g Sesam, geschält
1 Prise Salz
60 g Mandelmus
120 ml Reissirup
80 ml Rapsöl oder Olivenöl
½ TL Vanillemark (optional)

Zubereitung

1. Backrohr vorheizen, das Backblech mit Backpapier belegen.
2. Die Cashewnüsse grob hacken und mit den anderen trockenen Zutaten in einer Rührschüssel vermischen.
3. Mandelmus, Reissirup, Öl und Vanillemark (optional) verrühren. Zu den trockenen Zutaten geben und durchrühren, bis die Mischung feucht ist.
4. Die Mischung gleichmäßig auf dem Backblech verteilen. Auf der mittleren Schiene goldgelb backen, dabei ein- bis zweimal wenden. In den letzten Minuten gut im Auge behalten: Das Granola darf nicht zu dunkel werden.
5. Das fertige Granola aus dem Rohr nehmen und auf dem Blech auskühlen lassen. Falls nötig, mit den Händen zerkrümeln und in kleine Stücke brechen. In luftdichter Dose aufbewahren und innerhalb von zwei Wochen verbrauchen.

Tipps

- Granola mit Reissirup kann schnell verbrennen. Unbedingt in den letzten Minuten beobachten und sofort aus dem Rohr nehmen, wenn es an den Rändern zu dunkel wird!
- Durch den Reissirup ist dieses Granola weniger süß.

Hirseporridge mit Pflanzenmilch

Menge: 2 kleine oder 1 große Portion
Zubehör: großes feines Sieb
Kochzeit: 5–8 Minuten + 10–12 Minuten

Zutaten

70 g Goldhirse
200 ml Mandeldrink
1 Prise Salz
Ahornsirup, Beeren, Pekannüsse zum Dekorieren (optional)

Zubereitung

1. Die Hirse in ein feines Sieb geben und unter fließendem Wasser gründlich waschen.

2. In einem Topf 180 ml Wasser aufkochen. Die Hirse zugeben. Bei niedriger Hitze 5–8 Minuten köcheln.

3. Den Mandeldrink zugeben, 10–12 Minuten auf sehr niedriger Hitze quellen lassen. Vom Herd nehmen und in zwei Schalen füllen. Nach Geschmack mit Ahornsirup süßen und mit Beeren und Nüssen servieren.

Tipp

Das Porridge schmeckt auch ungesüßt.

Quinoa-Porridge

Menge: 2–3 Portionen
Zubehör: großes feines Sieb
Kochzeit: ca. 25 Minuten

Zutaten

150 g Quinoa
450 ml Mandeldrink
40 g getrocknete Cranberrys
1 Pck. Vanillezucker
¼ TL Kardamom
1 Prise Salz
2–3 EL Mandeln, gehackt oder gestiftelt
1 geh. TL Zimt
2–4 EL Ahornsirup

Zubereitung

1. Quinoa in ein feines Sieb geben und unter fließendem Wasser gründlich waschen.

2. Quinoa, Mandeldrink, Cranberrys, Vanillezucker, Kardamom und Salz in einem kleinen Topf aufkochen lassen. Auf niedrige Hitze schalten, etwa 25 Minuten köcheln lassen. Immer wieder umrühren.

3. Währenddessen für das Topping die Mandeln in einer beschichteten Pfanne bei mittlerer Hitze goldgelb rösten. Sofort in eine kleine Schale geben, abkühlen lassen. Mit dem Zimt vermischen.

4. Das fertige Porridge in Schalen servieren, Zimtmandeln und Ahornsirup dazu reichen.

Tipp

Du musst den Quinoa unbedingt gut waschen. Er schmeckt sonst unangenehm.

Frühstücksmuffins

Menge: 12 Muffins
Zubehör: 12er-Muffinblech, Papierförmchen
Backtemperatur: 160 °C Ober-/Unterhitze
Backzeit: ca. 30 Minuten

Zutaten

225 g helles Dinkelmehl
75 g zarte Haferflocken
2 TL Backpulver
½ TL Natron
½ TL Salz
2 Eier, L
130 g Rohrohrzucker
1 EL Vanillezucker
75 ml Maiskeimöl oder Sonnenblumenöl
250 g Joghurt, laktosefrei
50 g Haselnusskerne, grob gehackt
50 g dunkle Schokolade, grob gehackt, laktosefrei
15 g Sonnenblumenkerne

Zubereitung

1. Backrohr vorheizen, Papierförmchen in das Muffinblech setzen.

2. Mehl, Haferflocken, Backpulver, Natron und Salz vermischen.

3. Eier, Rohrohrzucker und Vanillezucker mit dem Handmixer bei mittlerer Stufe 1–2 Minuten cremig schlagen. Öl und Joghurt unterrühren, zuletzt die Mehlmischung kurz unterrühren.

4. Gehackte Haselnüsse, gehackte Schokolade und Sonnenblumenkerne mit dem Kochlöffel kurz unter den Teig heben.

5. Teig auf die Papierförmchen verteilen. Muffins auf der zweiten Schiene von unten goldgelb backen. Stäbchenprobe machen. Muffins aus dem Rohr nehmen und in der Form abkühlen lassen.

Quarkbrötchen

Menge: ca. 20 Brötchen
Zubehör: 2 Backbleche, Backpapier
Backtemperatur: 180 °C Umluft
Gehzeit: 20 Minuten + 15 Minuten
Backzeit: ca. 20 Minuten

Zutaten

125 ml Milch, laktosefrei
1 EL brauner Zucker
1 Pck. (7 g) Trockenhefe
500 g Weizenvollkornmehl
300 g Quark, laktosefrei, Raumtemperatur
2 Eier, L, Raumtemperatur
5 g Fenchelsamen oder Brotgewürz
10 g Salz

Zubereitung

1. Milch und Zucker bei niedriger Hitze erwärmen, bis die Milch lauwarm ist (max. 38 °C). Trockenhefe einrühren. Die Mischung 5–10 Minuten stehen lassen; es bilden sich Blasen.

2. Mehl in eine große Rührschüssel geben, Milchmischung sowie restliche Zutaten dazugeben. Mit der Küchenmaschine mit dem Knethaken zu glattem Teig kneten. Falls der Teig zu trocken ist, etwas Milch zugeben. Falls er zu feucht ist, etwas Mehl zugeben.

3. Die Schüssel mit einem sauberen Küchentuch abdecken und den Teig 20 Minuten an einem warmen Ort gehen lassen.

4. Die Backbleche mit Backpapier belegen.

5. Den Hefeteig halbieren. Jeden Teil zu einem Strang formen. Gleichmäßige Stücke abschneiden, zu kleinen Brötchen rollen und mit Abstand auf die Bleche setzen.
Mit sauberen Küchentüchern bedecken, 15 Minuten gehen lassen.

6. Das Backrohr vorheizen. Die Brötchen etwas flach drücken, auf zwei Blechen gleichzeitig goldgelb backen. Aus dem Rohr nehmen und abkühlen lassen.

Tipp

Ich mag die Quarkbrötchen am liebsten pur, nur mit etwas Butter bestrichen.

Cracker

Menge: 2 Backbleche
Zubehör: 2 Backbleche, Backpapier
Backtemperatur: 170 °C Umluft
Backzeit: 15 Minuten + 40 Minuten

Zutaten

120 g helles Dinkelmehl
120 g kernige Haferflocken
100 g Sonnenblumenkerne
70 g heller Sesam, ungeschält
30 g Leinsamen, geschrotet
½ TL Salz
2 EL Olivenöl

Zubereitung

1. Backrohr vorheizen, die Backbleche mit Backpapier belegen.

2. Die trockenen Zutaten und das Olivenöl in einer großen Rührschüssel vermischen. 500 ml Wasser unterrühren. Die Mischung etwa 10 Minuten stehen lassen, dabei immer wieder umrühren. Die Mischung ist erst flüssig und dickt dann rasch ein.

3. Auf jedes Backblech je eine Hälfte der Mischung gießen und dünn verstreichen.

4. Bleche gleichzeitig etwa 15 Minuten backen. Aus dem Backrohr nehmen und in Rechtecke von 2 x 3 cm schneiden.

5. Cracker wieder in das Backrohr geben, hellbraun backen. Abkühlen lassen. Mit einem scharfen Messer in die vorgeschnittenen Stücke schneiden.

Tipps

- Offen aufbewahren, dann bleiben die Cracker knackig.
- Die Cracker passen zum selbst gemachten Kräuter-Frischkäse (S. 85) und zum Pesto-Aufstrich mit Schafkäse (diese Seite). Auch mit Erdbeerbutter (S. 84) sehr lecker!

Pesto-Aufstrich mit Schafkäse

Menge: ca. 400 g

Zutaten

150 g Schafkäse, laktosefrei
150 g Frischkäse, laktosefrei
100 g Basilikumpesto guter Qualität, laktosefrei
2 Msp. Chilipaste
Salz, Pfeffer

Zubereitung

Schafkäse mit einer Gabel grob zerdrücken und mit den restlichen Zutaten zu einem Aufstrich verrühren. Der Schafkäse darf stückig bleiben. Mit Salz und Pfeffer abschmecken. Gekühlt aufbewahren.

Tipp

Nur vorsichtig salzen: Der Schafkäse ist bereits salzig.

Erdbeerbutter

Menge: 2 kleine Schraubgläser

Zutaten

125 g weiche Butter
150 g Erdbeermarmelade, am besten frisch und selbst gemacht
½–1 TL Vanillepaste, glutenfrei

Zubereitung

Butter, Erdbeermarmelade und Vanillepaste mit dem Handmixer auf mittlerer Stufe schlagen, bis sich alles gut verbunden hat. In kleine Gläser abfüllen und im Kühlschrank aufbewahren.

Tipp

Vanillepaste ist eine Mischung aus Vanilleextrakten und Zucker und hat ein starkes Vanillearoma. Fertige Vanillepaste gibt es in gut sortierten Supermärken zu kaufen.

Selbstgemachter Frischkäse mit Kräutern

Menge: ca. 200 g

Zutaten

1 Portion Frischkäse (Grundrezept S. 64)
1 Handvoll frische Kräuter nach Geschmack (hier: 5–6 Stängel Zitronenthymian, 6–7 Stängel Oregano, 15–20 große Blätter Basilikum)

Zubereitung

Kräuter fein hacken und mit dem Frischkäse vermischen. Gekühlt aufbewahren und innerhalb von 2 Tagen verbrauchen.

UNKOMPLIZIERT UND EINFACH

Einfache Rezepte sind oft die besten. Hier findest du leckere Rezepte, die auch Backanfänger hinbekommen!

Bananen-Erdnuss-Muffins

Menge: 12 Stück
Zubehör: 12er Muffinblech, Papierförmchen
Backtemperatur: 175 °C Umluft
Backdauer: 18–20 Minuten

Zutaten

100 g geröstete und gesalzene Erdnüsse
50 g dunkle Schokolade, laktosefrei
ca. 230 g reife Bananen (2 mittelgroße Bananen)
200 g Ahornsirup
2 EL Vanillezucker
100 g Erdnussmus
5 EL Rapsöl
125 g Joghurt, laktosefrei
200 g Mehl
2 EL Backpulver

Dekoration

50 g dunkle Schokolade, laktosefrei
2 EL geröstete und gesalzene Erdnüsse
1 EL Kakaonibs

Tipp

Für vegane Muffins nimmst du pflanzliches Joghurt und vegane Schokolade.

Zubereitung

1. Backrohr vorheizen und Papierförmchen in das Muffinblech setzen.

2. Erdnüsse und Schokolade grob hacken. Bananen schälen, mit der Gabel zu glattem Mus zerdrücken.

3. Ahornsirup, Vanillezucker, Erdnussmus und Rapsöl mit dem Handmixer cremig rühren. Bananenmus unterrühren, Joghurt unterrühren.

4. Mehl und Backpulver vermischen und unter den Teig rühren, bis sich alles gerade so vermischt. Erdnüsse und Schokolade mit dem Teigschaber unterheben.

5. Teig in den Förmchen verteilen. Muffins goldgelb backen. Stäbchenprobe machen, aus dem Rohr nehmen und in der Form abkühlen lassen.

6. Für die Dekoration die Schokolade grob hacken, bei niedriger Hitze oder im Wasserbad schmelzen. Auf den Muffins verteilen, 1 EL zurückbehalten. Die Erdnüsse grob hacken, zusammen mit den Kakaonibs auf die Muffins streuen. Die restliche Schokolade in Streifen darübergießen.

Heidelbeermuffins mit Gewürzzucker

Menge: 12 Muffins
Zubehör: 12er Muffinblech, Papierförmchen
Backtemperatur: 160 °C Ober-/Unterhitze
Backzeit: 25–30 Minuten

Zutaten

Muffins

200 g Kultur- oder Waldheidelbeeren, frisch
2 Eier, L
150 g Zucker
1 EL Vanillezucker
75 ml Maiskeimöl oder Sonnenblumenöl
250 g Buttermilch, laktosefrei, oder selbst gemachte laktosefreie Buttermilch (Grundrezept S. 60)
300 g Mehl
2 TL Backpulver
½ TL Natron
½ TL Salz

Gewürzzucker

60 g brauner Zucker
60 g Zucker
1 EL Zimt
¼ TL Muskat

Zubereitung

1. Backrohr vorheizen und die Papierförmchen in das Muffinblech setzen.

2. Heidelbeeren waschen und trocken tupfen. Zutaten für den Gewürzzucker vermischen.

3. Eier, Zucker und Vanillezucker in einer Rührschüssel mit dem Handmixer leicht verschlagen. Öl und Buttermilch einrühren. Mehl, Backpulver, Natron und Salz vermischen und unterrühren, bis sich alles gerade so verbunden hat.

4. Die Heidelbeeren mit der Hälfte des Gewürzzuckers vermengen. Mit dem Teigspatel kurz unter den Teig ziehen.

5. Den Teig in die Muffinförmchen füllen. Mit restlichem Gewürzzucker bestreuen.

6. Die Muffins auf der zweiten Schiene von unten goldgelb backen. Stäbchenprobe machen, aus dem Rohr nehmen und in der Form abkühlen lassen.

Brownies mit Pekannüssen und Meersalz

Menge: 16 Brownies
Zubehör: 1 Backform (20 x 20 cm, ideal mit Hebeboden)
Backtemperatur: 200 °C Ober-/Unterhitze
Backzeit: 20 Minuten

Zutaten

70 g Pekannüsse (alternativ: Walnüsse), grob gehackt
200 g dunkle Schokolade, laktosefrei
200 g Butter
3 Eier, L, Raumtemperatur
180 g brauner Zucker
1 EL Vanillezucker
80 g Mehl
Meersalzflocken

Tipps

- Wenn die Brownies aus dem Rohr kommen, sind sie in der Mitte noch sehr weich. Das passt so. Sie sollen nicht durchgebacken sein, sondern leicht feucht, „fudgy". Für durchgebackene Brownies lässt du sie ein paar Minuten länger im Rohr.
- Wenn du keine Form mit Hebeboden hast, legst du einen breiten Streifen Backpapier so in die Form, dass es links und rechts über den Rand ragt und du die Brownies damit herausheben kannst.

Zubereitung

1. Backrohr vorheizen und Backform einfetten.

2. Gehackte Pekannüsse unter Rühren bei mittlerer Hitze in einer beschichteten Pfanne rösten, bis sie zu duften beginnen. Vom Herd nehmen, auf einem Teller auskühlen lassen.

3. Schokolade in kleine Stücke brechen. Zusammen mit der in kleine Stücke geschnittenen Butter im Wasserbad schmelzen, dabei immer wieder umrühren. Vom Herd nehmen, wenn alles geschmolzen ist.

4. Eier, Zucker und Vanillezucker in einer Rührschüssel mit dem Schneebesen kräftig verrühren. Mehl darübersieben, kurz unterrühren. Nüsse unterrühren. Schokoladenbutter mit dem Teigschaber untermischen, bis sich alles gerade verbunden hat. Der Teig ist ziemlich flüssig.

5. Den Teig in die Form geben und glatt streichen. Auf der zweiten Schiene von unten backen. Aus dem Backrohr nehmen und abkühlen lassen.

6. Brownies aus der Form nehmen, in gleichmäßige Stücke schneiden und mit Meersalzflocken bestreuen.

No-bake-Peanutbutter-würfel

Menge: ca. 50 Stück
Zubehör: 1 rechteckige Auflaufform (ca. 20 x 30 cm), Backpapier, Plastikbeutel
Kühlzeit: 20 Minuten + 1 Stunde im Kühlschrank

Zutaten

250 g Hafer- oder Vollkornplätzchen, laktosefrei
230 g Butter
250 g Puderzucker
260 g + 1 EL cremige Erdnussbutter
1 Prise Salz
170 g dunkle Schokolade, laktosefrei, grob gehackt
30 g geröstete und gesalzene Erdnüsse

Zubereitung

1. Auflaufform mit Backpapier auslegen: Das Papier soll links und rechts so über die Form ragen, dass man die Peanutbutterwürfel damit aus der Form heben kann.

2. Plätzchen in großen Plastikbeutel geben und mit dem Teigroller zu feinen Krümeln klopfen.

3. Butter in einem mittelgroßen Topf bei niedriger Hitze schmelzen. Plätzchenkrümel, Puderzucker, Salz und 260 g Erdnussbutter einrühren, alles gut vermischen. In die Form geben und glatt streichen. 20 Minuten kühlen.

4. Schokolade mit dem restlichen EL Erdnussbutter bei niedriger Hitze oder im Wasserbad schmelzen und verrühren. Über der Erdnussbuttermischung verteilen, glatt streichen.

5. Erdnüsse grob hacken und aufstreuen. Mindestens 1 Stunde kühlen, dann in Würfel von 3 x 3 cm schneiden. In luftdichter Dose kühl aufbewahren.

Tipp

Die Peanutbutterwürfel schmecken gekühlt am besten. Bei Raumtemperatur werden sie weich.

Zwetschgencrumble mit Haferflockenstreuseln

Menge: 8–10 Portionen
Zubehör: 1 ovale Auflaufform (ca. 23 x 35 cm)
Backtemperatur: 180 °C Ober-/Unterhitze
Backzeit: 50 Minuten

Zutaten

Crumble

370 g Mehl
150 g brauner Zucker
70 g Zucker
½ TL Zimt
½ TL Salz
250 g kalte Butter
75 g zarte Haferflocken

Zwetschgenmischung

ca. 1 kg reife Zwetschgen
100 g Zucker
1 EL Zitronensaft
2 EL Speisestärke

Zubereitung

1. Backrohr vorheizen und die Form einfetten.
2. Mehl, Zucker, Zucker, Zimt und Salz in einer Rührschüssel vermischen. Butter in kleinen Stücken dazugeben. Mit der Küchenmaschine mit dem K-Haken oder von Hand zu groben Streuseln verarbeiten. Haferflocken mit dem Teigschaber einarbeiten.
3. Zwetschgen waschen, entsteinen und achteln. In die Form geben, mit Zucker, Zitronensaft und Speisestärke vermischen. Haferflockenstreusel darüber verteilen.
4. Auf der zweiten Schiene von unten goldgelb backen. Aus dem Rohr nehmen.

Tipps

- Schmeckt lauwarm und kalt.
- Mit einer Kugel Vanilleeis serviert ist der Zwetschgencrumble unwiderstehlich!

Böhmischer Apfelkuchen

Menge: 8–10 Portionen
Zubehör: 1 Auflaufform (ca. 20 x 30 cm)
Backtemperatur: 180 °C Ober-/Unterhitze
Backzeit: 20 Minuten + 40 Minuten

Zutaten

200 g Weizengrieß (aus Weichweizen)
200 g griffiges Mehl
200 g Zucker
2 EL Backpulver
140 g Butter
1 kg säuerliche Äpfel, z. B. Elstar
1 EL Zimt
Saft von 1 Zitrone

Zubereitung

1. Backrohr vorheizen und die Auflaufform mit Butter einfetten.

2. Grieß, Mehl, Zucker und Backpulver mit dem Schneebesen verrühren. Butter bei niedriger Hitze schmelzen.

3. Äpfel schälen und vierteln, Kerngehäuse ausschneiden, Apfelviertel raspeln. Mit Zimt und Zitronensaft vermengen.

4. Ein Drittel der Grießmischung (200 g) in die Form geben und glatt streichen. Die Hälfte der Äpfel darüber verteilen, glatt streichen, festdrücken. Das zweite Drittel der Grießmischung darübergeben. Die restlichen Äpfel darüber verteilen, glatt streichen und festdrücken. Den Rest der Grießmischung darübergeben. Mit der Hälfte der zerlassenen Butter beträufeln.

5. Apfelkuchen auf der zweiten Schiene von unten 20 Minuten backen. Mit der restlichen Butter beträufeln, weitere 40 Minuten backen. Aus dem Backrohr nehmen. Schmeckt lauwarm und kalt.

Tipp

Der Apfelkuchen schmeckt lauwarm und mit einer Kugel Vanilleeis fantastisch!

Nussschnecken

Menge: ca. 18 Schnecken
Zubehör: 2 Backbleche, Backpapier
Backtemperatur: 200 °C Ober-/Unterhitze
Backdauer: ca. 20 Minuten

Zutaten

400 g veganer Plunderteig aus dem Kühlregal (z. B. Tante Fanny Croissant- & Plunderteig)
160 g Walnüsse, gemahlen
40 g Zucker
1 TL Zimt
50 ml Haferdrink
100 g Aprikosenmarmelade
90 g Puderzucker, gesiebt
2–3 EL Haferdrink

Zubereitung

1. Den Plunderteig 15 Minuten vor Backbeginn aus der Packung nehmen. Backrohr vorheizen und Backbleche mit Backpapier belegen.

2. Walnüsse, Zucker; Zimt und Haferdrink zu einer streichfähigen Masse verrühren. Bei Bedarf etwas Haferdrink zugeben.

3. Plunderteig zu einem Rechteck ausrollen, die Füllung darauf verteilen und glatt streichen. Den Teig einrollen. Mit einem scharfen Messer in 2 cm breite Scheiben schneiden. Die Scheiben auf die Bleche setzen, mit Wasser bestreichen.

4. Auf der zweiten Schiene von unten goldgelb backen. Aus dem Rohr nehmen.

5. Die Aprikosenmarmelade in einem kleinen Topf aufkochen. Die heißen Nussschnecken damit bestreichen.

6. Puderzucker und Haferdrink zu einem dicken Guss anrühren. Mit einem Backpinsel sofort auf den Nussschnecken verteilen.

Dreierlei Tassenkuchen

Menge: 1 Tassenkuchen
Backzubehör: 1 Tasse (350 ml Fassungsvermögen)
Backtemperatur: Mikrowelle, 600 W
Backdauer: 3 Minuten

Grundrezept

Zutaten

3 EL Mehl
½ TL Backpulver
2 EL Zucker
1 Pck. Vanillezucker
1 Prise Salz
1 Ei, L
2 EL Milch, laktosefrei
2 EL Rapsöl

Zubereitung

1. Tasse mit Öl einfetten.

2. Mehl, Backpulver, Zucker, Vanillezucker und Salz in die Tasse geben, mit einer Gabel gut vermischen. Ei, Milch und Öl zugeben, alles mit der Gabel kurz zu einer glatten Mischung rühren.

3. Tasse auf eine Untertasse setzen, in die Mikrowelle stellen und erhitzen. Der Tassenkuchen geht stark auf und läuft eventuell über.

4. Tassenkuchen aus der Mikrowelle nehmen und lauwarm genießen.

Variante 1: Tassenkuchen mit Erdbeeren

Zutaten

Grundrezept (siehe oben)
80 g Erdbeeren, geputzt und kleingeschnitten
2–3 EL Sahne
1 EL Vanillezucker
1 Erdbeere

Zubereitung

1. Teig nach Grundrezept zubereiten. Zuletzt die Erdbeeren unterrühren. Backen wie im Grundrezept angegeben.

2. Während der Tassenkuchen in der Mikrowelle ist, Sahne mit Vanillezucker vermischen und steif schlagen. Erdbeere in Scheiben schneiden.

3. Kuchen aus der Mikrowelle nehmen, sofort mit Sahne und Erdbeerscheiben dekorieren.

Variante 2: Tassenkuchen mit Schokolade und Pekannüssen

Zutaten

Grundrezept (siehe oben)
2 EL dunkle Schokolade, gehackt, laktosefrei
2 EL Pekannüsse, gehackt
2–3 EL Sahne
1 EL Vanillezucker
1 EL Karamell, laktosefrei (Grundrezept S. 62), oder
1 EL Ahornsirup

Zubereitung

1. Teig nach Grundrezept zubereiten. 1 EL gehackte Schokolade und die Pekannüsse unterrühren. Backen wie im Grundrezept angegeben.

2. Während der Tassenkuchen in der Mikrowelle ist, Sahne mit Vanillezucker vermischen und steif schlagen.

3. Kuchen aus der Mikrowelle nehmen. Sofort den zweiten EL Schokolade darauf verteilen. Sahne darübergeben, nach Geschmack Karamell oder Ahornsirup darübergießen.

Tipp

Die Tassenkuchen sofort genießen. Wenn sie kalt sind, werden sie zäh.

Heidelbeer-Mascarpone-Dessert

Menge: 10–12 kleine Gläser
Zubehör: Spritzbeutel mit großer Sterntülle

Zutaten

Heidelbeerschicht
300 g Waldheidelbeeren, TK
2 EL Zucker oder nach Geschmack
2 EL Vanillezucker
1 TL Speisestärke

Mascarponecreme
500 g Mascarpone, laktosefrei
70 g Zucker
2 EL Zitronensaft
250 ml Sahne, laktosefrei

Dekoration
1–2 EL Kokosflocken oder Kokoschips

Zubereitung

1. Heidelbeeren mit Zucker, Vanillezucker und 50 ml Wasser aufkochen. Etwas Saft abnehmen, mit Speisestärke verrühren.

2. Die Mischung unter die Heidelbeeren rühren, alles aufkochen und 1–2 Minuten eindicken lassen. Die Heidelbeeren vom Herd nehmen und auskühlen lassen.

3. Die Kokosflocken oder Kokoschips für die Dekoration in einer beschichteten Pfanne goldgelb rösten und ebenfalls auskühlen lassen.

4. Mascarpone und Zucker mit dem Teigschaber glatt rühren. Zitronensaft unterrühren. Sahne cremig-steif schlagen und mit dem Schneebesen unterheben.

5. Die Mascarponecreme in den Spritzbeutel geben. Je 3–4 Tupfen in die Gläser spritzen, Heidelbeeren samt Saft darüber verteilen, dabei 3–4 EL Beeren und Saft zurückbehalten. Die restliche Creme aufspritzen und die zurückbehaltenen Heidelbeeren darauf verteilen. Mit gerösteten Kokosflocken oder Kokoschips dekorieren.

DAMIT BEEINDRUCKST DU GÄSTE

Mit diesen süßen Leckereien schindest du Eindruck bei Familie und Gästen!

Erdbeer-Biskuit-Torte

Menge: 1 Torte, 12–14 Stück
Zubehör: 1 Springform (Ø 24 cm), Spritzbeutel mit Sterntülle
Backtemperatur: 180 °C Ober-/Unterhitze
Backzeit: 45–55 Minuten

Zutaten

Biskuit
5 Eier, getrennt
250 g Zucker
250 g Mehl
1 gehäufter TL Backpulver

Schokocreme
200 g Butter, Raumtemperatur
70 g Puderzucker, gesiebt
30 g Kakao, gesiebt

Außerdem
50 g Mandelblättchen
ca. 300 g Erdbeermarmelade
ca. 250–300 g Erdbeeren
1 Pck. roter Tortenguss
2 EL Zucker

Zubereitung

1. Springform leicht einfetten und Backrohr vorheizen auf 180 °C Ober-/Unterhitze.

2. Eigelb, Zucker und 5 EL warmes Wasser 8–10 Minuten lang gut schaumig rühren. Mehl und Backpulver vermischen, mit dem Schneebesen unter die Eimischung heben. In einer zweiten Schüssel das Eiklar zu einem cremigen, nicht zu festen Schnee schlagen. Vorsichtig unter den Teig heben.

3. Den Teig in die Springform füllen und glatt streichen. Auf der zweiten Schiene von unten goldgelb backen. Stäbchenprobe machen. Aus dem Rohr nehmen und in der Form auskühlen lassen.

4. Den Tortenboden begradigen, umdrehen und auf eine Tortenplatte setzen. Den Boden zweimal horizontal halbieren. Den untersten Boden mit der Hälfte der Erdbeermarmelade bestreichen. Den zweiten Boden aufsetzen und mit der restlichen Marmelade bestreichen. Den letzten Boden aufsetzen.

5. Mandelblättchen in einer beschichteten Pfanne bei mittlerer Hitze goldgelb rösten. Auf einen Teller geben und auskühlen lassen.

6. Butter und Puderzucker mit der Küchenmaschine auf hoher Stufe 8–10 Minuten hell und schaumig schlagen. Kakao dazugeben und alles auf mittlerer Stufe zu einer homogenen Buttercreme rühren.

7. Etwa ein Fünftel der Buttercreme abnehmen und in einen Spritzbeutel mit Sterntülle füllen. Tortenrand und Oberfläche mit Buttercreme einstreichen. Darauf mit dem Spritzbeutel einen hübschen Rand spritzen. Tortenrand mit Mandelblättchen verzieren.

8. Erdbeeren waschen, trocken tupfen und je nach Größe halbieren oder vierteln. Dekorativ auf der Torte verteilen.

9. Tortenguss nach Anleitung zubereiten, etwas abkühlen lassen. Über den Erdbeeren verteilen.

Schokomousse-Torte mit Amarenakirschen

Menge: 1 kleine Torte, 12–14 Stück
Zubehör: 2 Springformen (Ø 22 cm und Ø 20 cm), verstellbarer Tortenring
Backtemperatur: 175 °C Ober-/Unterhitze
Backzeit: 25 Minuten
Kühlzeit: mindestens 3 Stunden

Zutaten

Kakaobiskuit
60 g Mehl
15 g Stärke
25 g Kakao
25 g Butter
25 g Milch, laktosefrei
3 Eier, L, Raumtemperatur
100 g Zucker
1 Prise Salz
1 EL Vanillezucker
Schokomousse
450 g dunkle Schokolade, laktosefrei
2 frische Eier, L
2 frische Eigelb, L
600 ml Sahne, laktosefrei
Außerdem
10 EL Amarenasirup
150 g + 2 EL Amarenakirschen

Zubereitung

1. Backrohr vorheizen und die Böden der Springformen einfetten.

2. Mehl, Stärke und Kakao in eine Schüssel sieben und vermischen. Butter schmelzen, mit der Milch verrühren.

3. Eier, Zucker, Salz und Vanillezucker auf hoher Stufe 5–8 Minuten schaumig und hell schlagen. Mehlmischung mit dem Schneebesen unterheben, Milchmischung unterheben.

4. Teig in die Springformen gießen, die Höhe soll in beiden Formen etwa gleich sein. Backen, Stäbchenprobe machen, aus dem Rohr nehmen und auskühlen lassen. Aus den Formen nehmen.

5. Für die Schokomousse: Schokolade fein hacken, im Wasserbad schmelzen. Zur Seite stellen.

6. Eier und Eigelb im Wasserbad mit dem Handmixer warm und luftig rühren. Vom Wasserbad nehmen und weiterschlagen, bis die Masse kalt und locker ist.

7. Sahne steif schlagen und unter die Eiermasse heben. Ein Drittel der geschmolzenen Schokolade mit dem Schneebesen unterheben, dann die restliche Schokolade dazugeben und glatt rühren.

8. Den größeren Boden auf eine Tortenplatte setzen, den Tortenring eng darum stellen.

9. Den Boden mit 4 EL Amarenasirup beträufeln, Amarenakirschen darauf verteilen. Ein Drittel der Mousse darübergeben, glatt streichen. Den kleineren Boden umgedreht auflegen, mit 4 EL Sirup beträufeln. Die restliche Mousse darüber glatt streichen. Mindestens 3 Stunden kühlen.

10. Die Torte vor dem Servieren mit 2 EL Kirschen und 2 EL Sirup dekorieren.

Cheesecake mit Walnuss-streuseln und Beerensoße

Menge: 1 Cheesecake, 12–14 Stück
Zubehör: 1 geschlossene Tarteform mit hohem Rand (Ø 30 cm)
Backtemperatur: 160 °C Ober-/Unterhitze
Kühlzeit: 2 Stunden
Backzeit: 60–65 Minuten

Zutaten

Teig und Streusel
240 g weiche Butter
100 g Zucker
60 g brauner Zucker
1 EL Vanillezucker
370 g Mehl
½ TL Salz
55 g Walnüsse, grob gehackt

Füllung
900 g Frischkäse, laktosefrei
500 g Quark, laktosefrei
250 g Zucker
1 EL Vanillezucker
60 g Speisestärke
2 Eier, L
1 Eigelb, L

Beerensoße
250 gemischte Beeren, TK
30 g Zucker
1 gehäufter TL Speisestärke

Tipp

Der Cheesecake sollte vor dem Anschneiden gut durchgekühlt sein.

Zubereitung

1. Backrohr vorheizen und die Tarteform einfetten.

2. Butter, Zucker, braunen Zucker und Vanillezucker mit dem Handmixer 3–5 Minuten auf hoher Stufe hell und luftig schlagen. Mehl und Salz dazugeben. Auf niedriger Stufe rühren, bis sich grobe Streusel bilden.

3. Zwei Drittel der Streusel in die Form geben. Am Boden und Rand gut festdrücken. In den Kühlschrank stellen.

4. Die restlichen Streusel locker mit den Walnüssen vermischen. In den Kühlschrank stellen.

5. Frischkäse und Quark mit dem Handmixer auf niedriger Stufe 3–5 Minuten glatt rühren. Zucker, Vanillezucker und Speisestärke vermischen, unterrühren. Eier und Eigelb unterrühren.

6. Den Boden aus dem Kühlschrank nehmen, die Füllung eingießen und glatt streichen, Walnussstreusel darüber verteilen. Auf der zweiten Schiene von unten goldgelb backen. Aus dem Rohr nehmen, in der Form auskühlen lassen. Vor dem Servieren 2 Stunden kühlen.

7. Für die Beerensoße Beeren, Zucker und 50 ml Wasser unter Rühren zum Kochen bringen. 2–3 EL Flüssigkeit abnehmen, mit der Speisestärke vermischen, wieder in den Topf geben. Unter Rühren 1–2 Minuten köcheln lassen, bis die Soße eindickt. Vom Herd nehmen, auskühlen lassen. Cheesecake mit der Beerensoße servieren.

No-bake-Joghurttorte mit Beerenmischung

Menge: 1 Torte, 12 Stück
Zubehör: 1 Springform (Ø 24 cm), Backpapier
Kühlzeit: 3 Stunden

Zutaten

1 Pck./200 g Löffelbiskuits, laktosefrei
5–6 EL Orangensaft
300 g gemischte Beeren, TK oder frisch
9 Blatt Gelatine
500 ml Joghurt, laktosefrei
1 Pck. Vanillezucker
Saft von 2 Zitronen
150 g Puderzucker
250 ml Sahne, laktosefrei
frische Beeren für die Dekoration (optional)

Tipps

- Klappt mit tiefgekühlten Beeren perfekt!
- Die Frischhaltefolie um den Tortenring verhindert, dass die Beeren mit dem Ring in Kontakt kommen und reagieren. Sie könnten sonst einen metallischen Geschmack bekommen.

Zubereitung

1. Springform am Boden mit Backpapier belegen. Tortenring mit Frischhaltefolie umwickeln und einspannen.

2. Löffelbiskuits in die Form schichten, dabei die zweite Schicht kreuzweise zur ersten Schicht auflegen. Mit dem Orangensaft befeuchten. Die gefrorenen oder frischen Beeren darüber verteilen.

3. Die Gelatine in kaltem Wasser einweichen.

4. Joghurt, Vanillezucker und Zitronensaft in eine Rührschüssel geben, Puderzucker darübersieben. Alles mit dem Schneebesen glatt rühren.

5. Die Sahne steif schlagen.

6. Die Gelatine ausdrücken. In einem kleinen Topf bei niedriger Hitze schmelzen, vom Herd nehmen. 3–4 EL Joghurtcreme mit dem Schneebesen einrühren, diese Mischung unter die restliche Joghurtcreme rühren. Die Sahne unterheben.

7. Die Masse über den Beeren verteilen und glatt streichen. Die Torte vor dem Anschneiden mindestens 3 Stunden kühlen. Vor dem Servieren mit frischen Beeren dekorieren.

No-bake-Heidelbeer-Cheesecake

Menge: 1 Cheesecake, 12–14 Stück
Zubehör: 1 Springform (Ø 24 cm), großes feines Sieb
Kühlzeit: 45 Minuten + mind. 8 Stunden/über Nacht

Zutaten

Boden

250 g Hafer- oder Vollkornplätzchen, laktosefrei
100 g Butter
1 Prise Salz

Heidelbeersirup

500 g Waldheidelbeeren, frisch oder TK
75 g Zucker
1 TL Vanillezucker

Cheesecake

6 Blatt Gelatine
450 g Frischkäse, laktosefrei
250 g Mascarpone, laktosefrei
110 g Puderzucker
1 TL Vanillezucker
250 ml Sahne, laktosefrei

Dekoration

100 g frische Waldheidelbeeren

Tipp

Der Cheesecake wird nur mit Waldheidelbeeren intensiv lila. Kulturheidelbeeren haben helles Fruchtfleisch und färben nicht so stark.

Zubereitung

1. Den Boden der Springform einfetten.

2. Plätzchen in einen Plastikbeutel geben. Mit dem Nudelholz zu feinen Krümeln klopfen.

3. Butter schmelzen, Plätzchenkrümel und Salz einrühren. Mischung in die Form geben und gut festdrücken. 45 Minuten kühlen.

4. Heidelbeeren in ein Sieb geben, vorsichtig abbrausen und trocken tupfen. (Bei tiefgekühlten Beeren ist dieser Schritt nicht nötig.) Heidelbeeren mit Zucker und Vanillezucker vermischen. In einen kleinen Topf geben, aufkochen. Hitze zurückschalten. 5–10 Minuten köcheln lassen, bis die Beeren weich sind.

5. Feinmaschiges Sieb über eine Schüssel hängen. Die Heidelbeermischung in das Sieb geben, mit einem Kochlöffel den Saft aus den Beeren drücken. Sirup erkalten lassen.

6. Frischkäse, Mascarpone, 60 g Puderzucker und Vanillezucker auf niedriger Stufe glatt rühren. Den Heidelbeersirup mit dem Schneebesen unterrühren.

7. Die Gelatine 5 Minuten in kaltem Wasser einweichen.

8. Die Sahne mit den restlichen 50 g Puderzucker steif schlagen.

9. Gelatine ausdrücken und bei niedriger Hitze schmelzen. Mit dem Schneebesen 3 EL Heidelbeercreme unter die Gelatine rühren. Diese Mischung mit dem Schneebesen unter die Heidelbeercreme rühren. Die Sahne unterheben.

10. Die Heidelbeercreme auf den Boden geben, glatt streichen. Heidelbeeren für die Dekoration abbrausen und trocken tupfen, auf dem Cheesecake verteilen. Mindestens 8 Stunden kühlen. Kühl aufbewahren.

Tipp

Wenn du tiefgekühlte Heidelbeeren nimmst, lässt du die Heidelbeerdeko weg. Tiefgekühlte Beeren werden beim Auftauen unansehnlich.

Mohn-Quark-Torte mit Himbeeren

Menge: 1 Torte, 12–14 Stück
Zubehör: 1 Springform (Ø 24 cm)
Backtemperatur: 175 °C Ober-/Unterhitze
Backzeit: 40–45 Minuten
Kühlzeit: 3 Stunden

Zutaten

Teig
100 g weiche Butter
90 g Puderzucker
4 Eier, L, getrennt
1 TL Vanillezucker
1 Prise Salz
¼ TL Zimt
150 g gemahlener Mohn
70 g gemahlene Haselnüsse
1 EL Backpulver
90 g Kristallzucker

Quarkfüllung
8 Blatt Gelatine
200 g Puderzucker, gesiebt
500 g Quark, laktosefrei
1 EL Vanillezucker
Saft von 1 Zitrone
abgeriebene Schale von ½ Bio-Zitrone
750 ml Sahne, laktosefrei

Sonstiges
4–5 EL Himbeermarmelade

Topping
400 g Himbeeren, TK
2 Pck. roter Tortenguss
3–4 EL Zucker

Zubereitung

1. Backrohr vorheizen. Springform einfetten.

2. Butter, Puderzucker, Eigelb, Vanillezucker, Salz und Zimt mit der Küchenmaschine gut schaumig schlagen. Mohn, Haselnüsse und Backpulver vermischen und zur Buttermischung geben. Auf niedriger Stufe rühren, bis sich alles verbunden hat.

3. Eiklar mit Kristallzucker zu einem cremigen Schnee schlagen. Ein Drittel mit dem Schneebesen kräftig unter den Teig rühren. Den restlichen Schnee vorsichtig unterheben.

4. Den Teig in die Springform füllen und glatt streichen. Auf der zweiten Schiene von unten backen. Stäbchenprobe machen. Tortenboden aus dem Rohr nehmen, mit einem Messer vom Rand lösen. In der Form auskühlen lassen.

5. Den ausgekühlten Boden aus der Form nehmen. Oben begradigen, umdrehen und auf eine Tortenplatte setzen. Boden horizontal durchschneiden, mit Himbeermarmelade füllen, Deckel aufsetzen. Springformrand oder Tortenring um den Boden stellen.

6. Gelatine in kaltem Wasser einweichen.

7. Die Flüssigkeit aus der Quarkpackung abgießen. Quark, Puderzucker, Vanillezucker, Zitronensaft und Zitronenschale auf niedriger Stufe glatt rühren.

8. Gelatine ausdrücken und bei niedriger Hitze schmelzen. Vom Herd nehmen.
2 EL Quarkmasse mit dem Schneebesen unter die Gelatine rühren, diese Mischung mit dem Schneebesen unter die Quarkmasse rühren. Die Sahne steif schlagen und unter die

Quarkmasse heben. Auf dem Boden verteilen und glatt streichen.

9. Tiefgekühlte Himbeeren auf der Torte verteilen. Tortenguss nach Anweisung zubereiten, etwas abkühlen lassen. Über den Himbeeren verteilen. Torte vor dem Anschneiden 3 Stunden kühlen. Kühl lagern.

Tipps

- Wenn der Quark sehr cremig ist, nimmst du besser 10 Blatt Gelatine.
- Wenn du glutenfreies Backpulver nimmst, ist die Torte glutenfrei!

Mohnstern aus Hefeteig

Menge: 1 Mohnstern (16 Stück)
Zubehör: Backblech, Backpapier, Pizzaroller
Backtemperatur: 180 °C Ober-/Unterhitze
Gehzeit: 1–1,5 Stunden
Backzeit: 20–25 Minuten

Zutaten

Teig
250 ml Milch, laktosefrei
1 Pck./7 g Trockenhefe
2 Eier, L, Raumtemperatur
680 g Mehl
90 g weiche Butter
90 g Puderzucker
1 Prise Salz
1 EL Sonnenblumenöl oder Rapsöl

Füllung
250 g gemahlener Mohn
180 g Puderzucker
1 EL Vanillezucker
80 ml Milch, laktosefrei
3 EL Rum

Außerdem
1 Eigelb zum Bestreichen
200–250 g Aprikosenmarmelade
150 g Puderzucker
2–3 EL Milch, laktosefrei

Tipp

Schneide den Hefeteig erst in vier gleiche Teile. Halbiere die Viertel, dann die Achtel. So bekommst du 16 gleich große Teile.

Zubereitung

1. Die Milch erwärmen, bis sie lauwarm ist (max. 38 °C). Vom Herd nehmen, Trockenhefe und Eier unterrühren. 10 Minuten stehen lassen.

2. Das Mehl und die weiche Butter mit den Fingern zu Krümeln reiben. Milchmischung, Puderzucker, Salz und Öl zugeben. Mit dem Knethaken auf mittlerer Stufe 5–10 Minuten zu einem glatten Hefeteig kneten. Mit einem sauberen Küchentuch bedecken, an einem warmen Ort 1–1,5 Stunden gehen lassen. Der Teig sollte sein Volumen verdoppeln.

3. Backrohr vorheizen. Alle Zutaten für die Füllung mit 30 ml Wasser zu einer streichfähigen Masse verrühren.

4. Den Hefeteig kurz durchkneten und in drei gleiche Teile teilen. Den ersten Teil auf Backpapier zu einem Kreis von ca. 30 cm Durchmesser ausrollen. Die Hälfte der Mohnfüllung darüber verteilen. Den zweiten Teil auf der bemehlten Arbeitsfläche zur gleichen Größe ausrollen und auf den ersten Teil legen. Mit der restlichen Mohnfüllung bestreichen. Den dritten Teil ausrollen und auflegen.

5. Ein Trinkglas umdrehen und in die Mitte des Teigkreises setzen. Teig mit einem Pizzaroller bis zum Glas hin sternförmig einschneiden, sodass 16 gleich große Teile entstehen. Jeweils zwei Teile gegengleich je dreimal eindrehen und an den Enden gut verbinden.

6. Backpapier samt Mohnstern auf ein Backblech ziehen. Den Mohnstern mit dem verquirlten Eigelb bestreichen. Auf der zweiten Schiene von unten goldgelb backen. Aus dem Rohr nehmen und auskühlen lassen.

7. Die Marmelade aufkochen, den Mohnstern damit bestreichen. Puderzucker mit 2–3 EL Milch zu einem dickflüssigen Zuckerguss anrühren. Dekorativ auf dem Mohnstern verteilen.

Wachauer Aprikosenstrudel

Menge: 1 Strudel, 30 cm lang
Zubehör: Backblech, Backpapier
Backtemperatur: 180 °C Ober-/Unterhitze
Kühlzeit: 1 Stunde
Backzeit: 45 Minuten

Zutaten

Teig
240 g Mehl
80 g Puderzucker
1 Ei, L
abgeriebene Schale von ½ Bio-Zitrone
160 g kalte Butter

Füllung
ca. 500 g Aprikosen
100 g Kristallzucker
50 g Mandeln, gemahlen

Außerdem
1 Ei zum Bestreichen
Puderzucker

Zubereitung

1. Mehl, Puderzucker, Ei und Zitronenschale in eine Rührschüssel geben. Die Butter in kleinen Stücken dazugeben. Mit dem K-Haken zu einem glatten Mürbteig kneten, evtl. kurz von Hand durchkneten. Falls der Teig zu trocken ist, 1 EL Milch oder Sahne (laktosefrei) zufügen. 1 Stunde kühlen.

2. Aprikosen putzen, entsteinen und vierteln. Backrohr vorheizen.

3. Den Mürbteig direkt auf Backpapier 3 mm dick zu einem Rechteck von 30 x 35 cm ausrollen. Das Backpapier samt Teig auf das Blech ziehen.

4. Den Strudel in der Mitte mit Aprikosen belegen, am linken und rechten Ende 3 cm Abstand zum Rand lassen. Die Aprikosen mit Kristallzucker und Mandeln bestreuen. Den Teig erst links und rechts über die Aprikosen klappen, dann oben und unten. Der Strudel bleibt in der Mitte offen. Das Ei verquirlen und den Teig damit bestreichen.

5. Den Strudel goldgelb backen. Aus dem Rohr nehmen, abkühlen lassen. Mit Puderzucker bestäuben.

Tipp

Schmeckt lauwarm und kalt.

Nussstrudel

Menge: 2 Strudel, ca. 40 cm lang
Zubehör: Backblech, Backpapier
Backtemperatur: 180 °C Ober-/Unterhitze
Backzeit: 30–35 Minuten

Zutaten

Teig
600 g Mehl
2 EL Backpulver
200 g kalte Butter, in kleine Stücke geschnitten
160 g Zucker
2 Eigelb, L
250 g saure Sahne, laktosefrei
1 Prise Salz

Nussfüllung
400 g Walnüsse, gemahlen
2 EL Paniermehl, laktosefrei
125 ml Milch (evtl. einige Tropfen mehr), laktosefrei
2–3 EL Zucker
1 TL Zimt

Außerdem
1 Eiklar

Zubereitung

1. Backrohr vorheizen. Backblech mit Backpapier belegen.

2. Für den Teig Mehl und Backpulver vermischen, zusammen mit den restlichen Zutaten in eine Rührschüssel geben. Mit dem Knethaken auf niedriger Stufe zu einem glatten Teig kneten. Zuletzt kurz von Hand durchkneten.

3. Die Zutaten für die Nussfüllung zu einer streichfähigen Masse vermischen.

4. Den Teig halbieren. Eine Hälfte auf der bemehlten Arbeitsfläche 3–4 mm dick zu einem Rechteck von ca. 30 x 40 cm ausrollen. Die untere Hälfte des Rechtecks mit der Hälfte der Nussfüllung bestreichen. Den Strudel von unten beginnend aufrollen, an den Enden gut verschließen. Mit der Naht nach unten auf das Backblech setzen. Mit der zweiten Hälfte des Teiges genauso verfahren.

5. Den Strudel mit Eiklar bestreichen. Auf der zweiten Schiene von unten goldbraun backen. Aus dem Rohr nehmen, auskühlen lassen. Mit Puderzucker bestäuben.

Tipp

Das Rezept stammt von meiner Wiener Oma, einer großartigen Bäckerin.

Zitronen-Cupcakes mit Mohnboden

Menge: 12 Cupcakes
Zubehör: 12er-Muffinblech, 12 Papierförmchen, Spritzbeutel mit großer Sterntülle und ggf. kleiner Lochtülle
Backtemperatur: 180 °C Ober-/Unterhitze
Backzeit: 20–25 Minuten

Zutaten

Boden
100 g weiche Butter
40 g Puderzucker
¼ TL Zimt
1 Prise Salz
1 EL Zitronensaft
4 Eier, M, getrennt, Raumtemperatur
125 g gemahlener Mohn
75 g Haselnüsse, gemahlen
70 g Kristallzucker

Topping
500 g Mascarpone, laktosefrei
270 g Lemon Curd, laktosefrei

Dekoration
Zuckerperlen
Pfefferminzblätter

Zubereitung

1. Backrohr vorheizen und Papierförmchen in das Muffinblech setzen.

2. Butter, Puderzucker, Zimt, Salz und Zitronensaft auf hoher Stufe 5–10 Minuten hell und luftig schlagen. Eigelbe einzeln einarbeiten, jeweils mindestens 1 Minute unterrühren.

3. Mohn und Nüsse vermischen, mit dem Schneebesen unter die Buttermischung rühren.

4. Eiklar mit Kristallzucker zu einem cremigen Schnee schlagen, mit dem Schneebesen unterheben.

5. Papierförmchen zu zwei Dritteln mit der Teigmasse füllen. Auf der zweiten Schiene von unten backen. Stäbchenprobe machen. Fertige Böden aus dem Rohr nehmen, auskühlen lassen.

6. Für das Topping Mascarpone mit dem Kochlöffel glatt rühren. Lemon Curd mit dem Kochlöffel unter den Mascarpone rühren, mit dem Handmixer 5–10 Sekunden auf höchster Stufe schlagen. Nicht länger schlagen, das Topping wird sonst flüssig.

7. Das Topping in den Spritzbeutel füllen und mit der Sterntülle auf die Böden spritzen. Die Cupcakes mit Zuckerperlen und Pfefferminzblättern verzieren. Optional: Mit einem Spritzbeutel mit Lochtülle kleine Tupfen Lemon Curd auf die Cupcakes setzen.

Tipps

- Lemon Curd ist ein süßer Aufstrich aus Zitronensaft, Eiern und Zucker. Es gibt ihn fertig in gut sortierten Supermärken zu kaufen. Ich nehme gerne das Lemon Curd von Chivers. Es ist laktosefrei und schmeckt sehr gut.
- Vorsicht: Nicht alle Lemon Curds sind laktosefrei, sieh immer auf dem Etikett nach!
- Übrig gebliebenes Lemon Curd schmeckt zu Eis oder zu Sandkuchen.
- Wenn du glutenfreies Backpulver nimmst und die Zuckerperlen weglässt, sind die Cupcakes glutenfrei.

Eiscreme aus Kondensmilch und mit Amarenakirschen

Menge: 6–8 Portionen
Zubehör: Tiefkühlbehälter
Kühlzeit: über Nacht

Zutaten

450 ml Sahne, laktosefrei
1 Portion/400 g Kondensmilch, laktosefrei (Grundrezept S. 65)
2 EL Amarenakirschen
8–10 EL Amarenasirup (aus dem Glas mit den Amarenakirschen)
80 g dunkle Schokolade, grob gehackt, laktosefrei

Zubereitung

1. Die Sahne steif schlagen. Kondensmilch mit dem Schneebesen unterrühren und gut vermischen.

2. Amarenakirschen grob hacken. Zusammen mit Amarenasirup und Schokolade unter die Eismasse rühren. Die Masse in einen Tiefkühlbehälter füllen und über Nacht in der Kühltruhe tiefkühlen.

Tipp

Für diese Eiscreme brauchst du keine Eismaschine.

Erdnussbutter-Oreo-Dessert

Menge: 10–12 Gläschen
Kühlzeit: 30 Minuten + mind. 6 Stunden

Zutaten

16 Oreo-Cookies
200 g dunkle Schokolade, laktosefrei
200 ml Sahne, laktosefrei
60 g gesalzene Erdnüsse, grob gehackt
350 g cremige Erdnussbutter
400 g Frischkäse, laktosefrei
300 ml Sahne, laktosefrei
100 g brauner Zucker
1 EL Vanillezucker
80 g geröstete und gesalzene Erdnüsse, grob gehackt

Zubereitung

1. Die Oreo-Cookies grob hacken und auf die Gläschen verteilen.

2. Schokolade fein hacken und in eine Schüssel geben. Die Sahne aufkochen und über die Schokolade gießen. 1 Minute stehen lassen, mit einem Kochlöffel glatt rühren. Drei Viertel davon über die gehackten Oreo-Cookies geben und bis zum Rand verstreichen. Die gehackten Erdnüsse darüber verteilen. Die Gläschen 30 Minuten in die Kühltruhe stellen.

3. Erdnussbutter, Frischkäse, 50 ml Sahne, Zucker und Vanillezucker mit dem Handmixer auf mittlerer Stufe schaumig rühren. Nach und nach 250 ml Sahne unterrühren. Zu einer cremig-festen Mischung schlagen.

4. Die Gläschen aus der Kühltruhe nehmen, die Creme gleichmäßig auf die Gläser verteilen. Die restliche Schokocreme darübergeben und mit gehackten Erdnüssen bestreuen.

5. Desserts mindestens 6 Stunden in der Kühltruhe tiefkühlen. Vor dem Servieren 15–20 Minuten antauen lassen.

Tipp

Ein sehr leckeres Dessert. Schmeckt wie ein gefrorener Schoko-Erdnuss-Riegel!

Rhabarber-Tarte mit Mandelcreme

Menge: 1 Tarte, 12–14 Stück
Zubehör: 1 Tarteform mit hohem Rand (Ø 30 cm), Herzausstecher (Ø 3–4 cm)
Kühlzeit: 1 Stunde
Backtemperatur: 200 °C Ober-/Unterhitze
Backzeit: 30–35 Minuten

Zutaten

Teig
230 g Mehl
50 g Puderzucker
1 EL Vanillezucker
1 Eigelb, L
2 EL Milch, laktosefrei
125 g kalte Butter

Mandelcreme
100 g weiche Butter
100 g Zucker
100 g Mandeln, gemahlen
1 Ei, L, Raumtemperatur

Füllung
ca. 5–6 Stangen Rhabarber, nicht zu dick
2 EL brauner Zucker

Außerdem
1–2 EL Milch, laktosefrei
2 EL Puderzucker
¼ TL Zimt

Tipp

Junger Rhabarber muss nicht unbedingt geschält werden, älterer Rhabarber aber schon: Die Schale enthält viel Oxalsäure, und die ist in größeren Mengen gesundheitsschädigend. Je älter und dicker der Rhabarber ist, umso mehr Oxalsäure enthält er.

Zubereitung

1. Mehl, Puderzucker, Vanillezucker, Eigelb und Milch in eine Rührschüssel geben. Die Butter in kleine Stücke schneiden und dazugeben. Mit der Küchenmaschine mit dem K-Haken auf mittlerer Stufe zu groben Krümeln rühren, dann von Hand rasch zu einem glatten Mürbteig kneten. Mürbteig flach drücken, in Frischhaltefolie wickeln. 1 Stunde kühlen.

2. Alle Zutaten für die Mandelcreme in eine Schüssel geben. Mit dem Handmixer auf niedriger Stufe zu einer glatten Creme rühren.

3. Den Rhabarber putzen und gegebenenfalls schälen (bei jungem Rhabarber ist das nicht unbedingt nötig). In 3–4 cm lange Stücke schneiden. Backrohr vorheizen und Tarteform einfetten.

4. Den Mürbteig auf der bemehlten Arbeitsfläche zu einer großen Scheibe ausrollen. Teig locker über den Teigroller wickeln, über die Form heben und vorsichtig abrollen. Boden und Rand damit auslegen. Überstehende Ränder gerade abschneiden.

5. Die Mandelcreme auf dem Mürbteig verteilen. Den Rhabarber auflegen und den Zucker darüberstreuen. Optional aus dem restlichen Mürbteig kleine Herzen ausstechen und dekorativ auf die Tarte legen. Den Teig mit Milch bestreichen.

6. Die Tarte auf der zweiten Schiene von unten goldbraun backen. Aus dem Rohr nehmen, auskühlen lassen. Puderzucker und Zimt vermischen, Tarte damit bestäuben.

Selbstgemachte Joghurt-Frischkäse-Creme mit Vanillekirschen

Menge: ca. 6 Portionen
Zubehör: großes feines Sieb, Käsetuch oder Küchentuch
Kühlzeit: über Nacht

Zutaten

600 g Joghurt, 1,8 % Fett, laktosefrei
100 ml Sahne, laktosefrei
30 g Zucker
1 EL Vanillezucker
500 g Kirschen, entkernt, TK oder frisch
100 g Zucker
1 Vanilleschote
1 gehäufter EL Speisestärke

Tipps

- 600 g Joghurt ergeben etwa 300 g Frischkäse.
- Die Flüssigkeit, die bei der Herstellung austritt, ist Molke. Du kannst sie pur trinken oder mit reifem Obst und Honig oder Ahornsirup pürieren – ein gesundes Getränk!
- Aus der Vanilleschote kannst du Vanillezucker machen, wie auf S. 50 beschrieben.

Zubereitung

1. Am Vortag den Joghurtfrischkäse herstellen: Ein Sieb mit einem sauberen Käsetuch oder Küchentuch auskleiden und in eine große Schüssel hängen. Joghurt in das Sieb geben. Über Nacht in den Kühlschrank stellen.

2. Am nächsten Tag den entstandenen Joghurt-Frischkäse in eine Schüssel füllen. Sahne mit Zucker und Vanillezucker steif schlagen. Mit dem Schneebesen unter den Joghurt-Frischkäse heben.

3. Die Kirschen in einen mittelgroßen Kochtopf geben. Die Vanilleschote aufschlitzen, das Mark herauskratzen. Vanilleschote, Vanillemark, Zucker und 50 ml Wasser zu den Kirschen geben. Alles aufkochen, 3–5 Minuten köcheln lassen.

4. 3 EL Flüssigkeit abnehmen und mit der Speisestärke verrühren. Zu den Kirschen geben und 1–2 Minuten köcheln, bis die Mischung eindickt. Vom Herd nehmen und auskühlen lassen. Vanilleschote entfernen. Die Joghurt-Frischkäse-Creme zusammen mit den Vanillekirschen servieren.

ZUM KNABBERN UND NASCHEN

Darf's was zum Knabbern sein? Oder eine kleine Nascherei zwischendurch? Hier findest du Rezepte für Cookies und andere süße Kleinigkeiten.

Brownie-Cookies mit gerösteten Pekannüssen

Menge: 36 Stück
Zubehör: 2 Backbleche, Backpapier, großes feines Sieb
Backtemperatur: 180 °C Ober-/Unterhitze
Ruhezeit: 10 Minuten
Backzeit: 8–10 Minuten

Zutaten

120 g Pekannüsse, grob gehackt (alternativ: Walnüsse)
420 g dunkle Schokolade, 70 % Kakaoanteil, laktosefrei
60 g Butter
3 Eier, L
225 g feiner Zucker
1 EL Vanillezucker
50 g Mehl
¼ TL Backpulver
1 Prise Salz

Zubereitung

1. Backrohr vorheizen, Backbleche mit Backpapier belegen.

2. Pekannüsse unter ständigem Rühren bei niedriger Hitze rösten, bis sie zu duften beginnen. Auf einen Teller geben und auskühlen lassen.

3. 300 g Schokolade in kleine Stücke brechen, zusammen mit der Butter im Wasserbad schmelzen. Vom Herd nehmen, etwas auskühlen lassen. 120 g Schokolade grob hacken.

4. Eier, Zucker und Vanillezucker auf hoher Stufe 15 Minuten hell und cremig schlagen. Mehl, Backpulver und Salz vermischen, auf die Eiermasse sieben, auf niedriger Stufe unterrühren. Schokoladenmischung kurz unterrühren. Gehackte Schokolade und geröstete Nüsse mit dem Teigspatel unterheben. Den Teig 10 Minuten ruhen lassen.

5. Mit einem Esslöffel mit ausreichend Abstand jeweils zwölf Teigkleckse auf die Bleche setzen. Jedes Blech 8–10 Minuten backen; die Cookies sollen außen knusprig und innen weich sein. Aus dem Rohr nehmen, auf den Blechen abkühlen lassen. In luftdichter Dose aufbewahren.

Chocolate-Chip-Cookies mit extragroßen Schokostückchen

Menge: ca. 48 Cookies
Zubehör: 2 Backbleche, Backpapier, großes feines Sieb
Backtemperatur: 175 °C Umluft
Backzeit: 8–13 Minuten

Zutaten

270 g Mehl
½ TL Natron
300 g dunkle Schokolade, laktosefrei
230 g weiche Butter
110 g Zucker
220 g brauner Zucker
½ TL Salz
1 EL Vanillezucker
2 Eier, L
100 g Walnüsse, grob gehackt (optional)

Zubereitung

1. Backrohr vorheizen, Backbleche mit Backpapier belegen.

2. Mehl und Natron vermischen. Schokolade in ca. 1 x 1 cm große Stücke hacken. Das Sieb auf einen Teller stellen, die Schokolade hineingeben und rütteln, bis keine Späne mehr abfallen.

3. Butter, Zucker, braunen Zucker, Salz und Vanillezucker 3–5 Minuten auf hoher Stufe hell und cremig rühren. Eier einzeln dazugeben, jeweils mindestens 1 Minute unterrühren. Mehlmischung dazugeben, auf niedriger Stufe unterrühren, bis sich alles gerade so verbindet. Schokoladenstücke und nach Geschmack Walnüsse mit dem Teigspatel untermischen.

4. Mit einem Esslöffel oder Eisportionierer Teigkugeln auf die Bleche setzen; sie sollten aussehen wie kleine Eiskugeln. Ausreichend Abstand lassen.

5. Für weiche Cookies: 8–10 Minuten hell backen. Für crunchy Cookies: 10–13 Minuten goldbraun backen. Cookies aus dem Rohr nehmen, etwa 1 Minute auf dem Blech auskühlen lassen. Auf einem Kuchengitter komplett auskühlen lassen. In luftdichter Dose aufbewahren.

Tipp

Die übrig gebliebenen feinen Schokospäne auf dem Teller sind perfekt für heiße Schokolade.

Haferflocken-Haselnuss-Cookies

Menge: 40–50 Stück
Zubehör: 2 Backbleche, Backpapier
Backtemperatur: 180 °C Umluft
Backzeit: 8–9 Minuten

Zutaten

90 g Butter
200 g Zucker
2 Eier, L
250 g zarte Haferflocken
100 g Haselnüsse, gemahlen
1 EL Backpulver
1 TL Zimt

Zubereitung

1. Backrohr vorheizen, Backbleche mit Backpapier belegen.
2. In einer großen Pfanne 40 g Butter bei mittlerer Hitze schmelzen. Haferflocken und 50 g Zucker dazugeben, unter Rühren hell anrösten. Vom Herd nehmen, in eine Schüssel geben. Auskühlen lassen.
3. 50 g Butter mit 150 g Zucker auf mittlerer Stufe hell und schaumig rühren. Eier einzeln unterrühren, jeweils mindestens eine Minute.
4. Geröstete Haferflocken mit Backpulver und Zimt vermischen. Mit dem Kochlöffel unter die Buttermischung rühren.
5. Mit zwei Teelöffeln kleine Häufchen Teig mit ausreichend Abstand auf die Bleche setzen. Goldgelb backen. Aus dem Rohr nehmen und auf einem Kuchengitter auskühlen lassen.

Tipp

Für glutenfreie Plätzchen nimmst du glutenfreie Haferflocken und glutenfreies Backpulver.

Haferflocken-Cookies nach englischer Art

Menge: 36 Stück
Zubehör: 2 Backbleche, Backpapier
Backtemperatur: 170 °C Ober-/Unterhitze
Backzeit: ca. 13 Minuten

Zutaten

350 g Butter
30 g Honig, Glukosesirup oder Zuckerrübensirup
240 g kernige Haferflocken
300 g zarte Haferflocken
300 g Zucker
180 g Mehl
8 g Natron
1 Prise Salz
250 g dunkle Schokolade, laktosefrei, für die Glasur (optional)

Tipps

- Du kannst die Haferflocken-Cookies wahlweise mit Honig, Glukosesirup oder Zuckerrübensirup zubereiten. Alle drei Varianten schmecken sehr lecker. Die Cookies mit Zuckerrübensirup sind etwas krümeliger als die anderen beiden Varianten.
- Für vegane Cookies nimmst du Zuckerrübensirup oder Glukosesirup und vegane Schokolade.

Zubereitung

1. Backrohr vorheizen. Backbleche mit Backpapier belegen.
2. Butter bei niedriger Hitze zerlassen. Je nach Wahl Honig, Glukosesirup oder Zuckerrübensirup einrühren.
3. Haferflocken, Zucker, Mehl, Natron und Salz in einer großen Rührschüssel vermischen. Die Buttermischung dazugeben und vermengen, bis alle Zutaten feucht sind.
4. Aus dem Teig walnussgroße Kugeln formen. Dabei fest zusammendrücken. Die Kugeln auf die Bleche setzen und mit der Hand etwas flach drücken.
5. Cookies goldgelb backen. Aus dem Rohr nehmen, einige Minuten auf dem Blech auskühlen lassen. Auf ein Kuchengitter setzen und komplett erkalten lassen.
6. Für die Schokoglasur: Schokolade fein hacken, zwei Drittel im Wasserbad schmelzen. Vom Wasserbad nehmen, die restliche Schokolade untermischen. 1 Minute warten. Mit dem Kochlöffel rühren, bis die Glasur glatt ist. Cookies auf der Rückseite damit überziehen.

Johannisbeertascherl

Menge: 12–14 Stück
Zubehör: 2 Backbleche, Backpapier
Backtemperatur: 200 °C Ober-/Unterhitze
Kühlzeit: 1 Stunde
Backzeit: ca. 25 Minuten

Zutaten

250 g Quark, laktosefrei
250 g kalte Butter
250 g Mehl
1 EL Zucker
1 Prise Salz
ca. 125 g Johannisbeermarmelade
1 Ei, L

Zubereitung

1. Backrohr vorheizen. Backbleche mit Backpapier belegen.

2. Butter in kleine Stücke schneiden. Zusammen mit Mehl, Zucker und Salz mit dem K-Haken der Küchenmaschine bei mittlerer Stufe zu einer krümeligen Mischung verarbeiten. Flüssigkeit aus der Quarkpackung abgießen, Quark bei niedriger Stufe unterrühren und alles zu einem glatten Teig verarbeiten.

3. Den Teig kurz mit der Hand durchkneten, er ist weich und klebrig. In Frischhaltefolie wickeln, 1 Stunde kühlen.

4. Den gekühlten Teig auf bemehlter Arbeitsfläche zu einem ca. 4 mm dicken Rechteck ausrollen. Mit einem scharfen Messer Quadrate von ca. 8 x 8 cm schneiden: Teig erst der Länge nach in 8 cm breite Streifen schneiden, dann von oben nach unten.

5. In die Mitte der Quadrate jeweils einen Klecks Marmelade geben. Quadrate zu Dreiecken zusammenklappen. Die Ränder mit einer Gabel gut festdrücken und die Johannisbeertascherl mit dem verquirlten Ei bestreichen.

6. Die Tascherl auf die Backbleche geben. Nacheinander auf der zweiten Schiene von unten goldbraun backen. Aus dem Rohr nehmen und abkühlen lassen. Mit Puderzucker bestäuben.

Nougatherzen

Menge: 10–12 Herzen
Zubehör: 2 Backbleche, Backpapier, Ausstecher in Herzform (Ø 8–10 cm)
Backtemperatur: 180 °C Ober-/Unterhitze
Kühlzeit: 1 Stunde
Backzeit: 8–10 Minuten

Zutaten

270 g helles Dinkelmehl
100 g Zucker
1 EL Vanillezucker
2 Eigelb, L
175 g kalte Butter
130 g Nougat, laktosefrei
100 g dunkle Schokolade, laktosefrei
Zuckerstreusel (optional)
30 g weiße Kuvertüre, laktosefrei (optional)

Zubereitung

1. Mehl, Zucker, Vanillezucker und Eigelb in eine große Rührschüssel geben. Butter in kleine Stücke schneiden, dazugeben. Mit dem K-Haken oder von Hand zu einem glatten Mürbteig kneten. 1 Stunde kühlen.

2. Backrohr vorheizen, Backbleche mit Backpapier belegen.

3. Teig auf der bemehlten Arbeitsplatte ca. 3 mm dick ausrollen. Herzen von 8–10 cm Größe ausstechen. Teigreste zusammenkneten, evtl. kurz kühlen. Erneut ausrollen und ausstechen.

4. Herzen auf die Bleche setzen und hell backen. Aus dem Backrohr nehmen, kurz auf dem Blech auskühlen lassen. Auf ein Kuchengitter setzen, komplett auskühlen lassen.

5. Die Hälfte der Herzen umdrehen, sodass die Unterseite oben liegt.

6. Nougat in kleine Stücke schneiden. Im Wasserbad schmelzen, vom Herd nehmen. Nougat so lange auskühlen lassen, bis es zähflüssig wird. Mit einem kleinen Löffel oder einer kleinen Tortenpalette auf den umgedrehten Herzen verteilen. Je ein Herz als Deckel aufsetzen. Nougatherzen im Kühlschrank kühlen, bis die Füllung fest ist.

7. Dunkle Schokolade fein hacken, im Wasserbad schmelzen. Herzen mit dunkler Schokolade bestreichen. Nach Belieben mit Zuckerstreuseln bestreuen.

8. Optional: Weiße Kuvertüre im Wasserbad schmelzen. Kleine Tupfen auf die dunkle Kuvertüre setzen und mit einem hölzernen Stäbchen marmorieren.

Tipps

- Wenn du Kreise ausstichst, bekommst du Nougattaler.
- Die Größe der Herzen oder Kreise kannst du variieren. Je kleiner sie sind, desto kürzer ist die Backzeit.

Nuss-Marzipan-Stangen

Menge: ca. 20 Stück
Zubehör: 2 Backbleche, Backpapier
Backtemperatur: 220 °C Ober-/Unterhitze
Kühlzeit: 20 Minuten
Backzeit: 10–12 Minuten

Zutaten

270 g fertiger Blätterteig, laktosefrei (z. B. Tante Fanny)
100 g Rohmarzipan
2 EL Rum oder Milch, laktosefrei
1 Ei, L, Raumtemperatur
150 g Haselnüsse, gemahlen
2 Eigelb, L
50 g Haselnüsse, gemahlen
Puderzucker

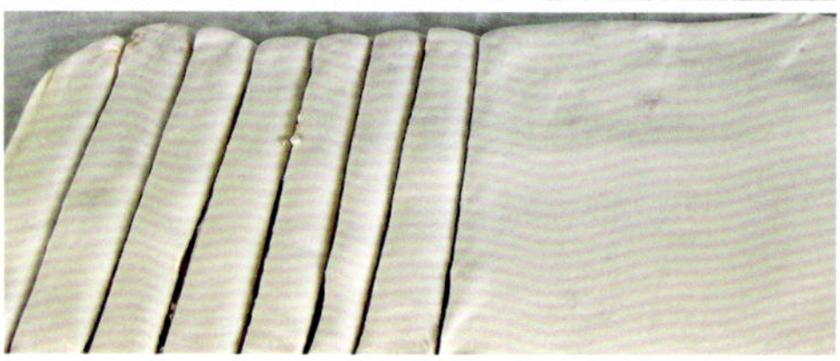

Zubereitung

1. Blätterteig 10 Minuten vor Backbeginn aus der Verpackung nehmen. Backrohr vorheizen, Backbleche mit Backpapier belegen.

2. Blätterteig zu einem Rechteck ausrollen. Das Marzipan in kleine Stücke schneiden, mit Rum oder Milch auf mittlerer Stufe glatt und cremig rühren. Das Ei unterrühren und die Haselnüsse untermischen.

3. Die Nussmasse auf die untere Hälfte der Blätterteigplatte streichen. Zweite Teighälfte darüberklappen. Mit einem Teigroller einmal darüberrollen.

4. Mit einem scharfen Messer etwa 1,5 cm breite Streifen abschneiden. Jeden Teigstreifen zweimal um die eigene Achse drehen, auf das Backblech legen. 20 Minuten kühlen.

5. Eigelb verquirlen, Teigstreifen damit bestreichen und mit den Haselnüssen bestreuen. Etwa 10–12 Minuten goldbraun backen. Auskühlen lassen und mit Puderzucker bestäuben.

Tipp

Bei uns sind die Nuss-Marzipan-Stangen so beliebt, dass ich meistens die doppelte Menge backe.

Salzkaramell-Popcorn

Menge: 1 Schüssel mit 16 cm Durchmesser, etwa 1 Liter Popcorn
Zubehör: Backblech, Backpapier

Zutaten

100 ml neutrales Pflanzenöl
50 g Popcornmais
80 g Butter
90 g Zucker
20 g Honig (1 EL)
Meersalzflocken nach Geschmack

Zubereitung

1. Backblech mit Backpapier belegen.

2. Pflanzenöl in einen großen Topf geben, bei mittlerer Hitze erwärmen. Zur Probe 1–2 Maiskörner hineingeben, Deckel auflegen. Wenn die Maiskörner aufgepoppt sind, den restlichen Mais dazugeben. Deckel auflegen und warten, bis der Mais aufgepoppt ist. Topf immer wieder schütteln.

3. Das fertige Popcorn in eine Schüssel geben und nicht gepoppte Maiskörner entfernen.

4. Butter, Zucker und Honig in einem großen Topf bei mittlerer Hitze erwärmen. Den Topf immer wieder schütteln; erst mit dem Kochlöffel rühren, wenn der Zucker zu schmelzen beginnt. Den Zucker zu goldbraunem Karamell schmelzen.

5. Das Karamell vom Herd nehmen. Das Popcorn mit dem Kochlöffel untermischen, bis das gesamte Popcorn von Karamell überzogen ist.

6. Das Popcorn auf dem Backblech verteilen. Sofort mit Meersalzflocken bestreuen. Auskühlen lassen.

Tipp

Das Karamell im Auge behalten: Falls es rasch dunkel wird, sofort vom Herd nehmen. Es kann schnell verbrennen und bitter werden.

Gebrannte Mandeln (Haselnüsse, Cashews, Pekannüsse, Kürbiskerne)

Menge: 1 Backblech
Zubehör: Backblech, Backpapier

Zutaten

200 g Zucker
200 g Mandeln, ganz (alternativ: Haselnüsse, Cashews, Pekannüsse, Kürbiskerne)
½ TL Zimt

Zubereitung

1. Backblech mit Backpapier belegen.
2. 150 ml Wasser in einer großen Pfanne zum Kochen bringen. Zucker, Mandeln (oder andere Nüsse) und Zimt dazugeben. Bei mittlerer Hitze köcheln lassen, immer wieder rühren. Nach 10–15 Minuten ist die Flüssigkeit verdampft, um die Mandeln (Nüsse) bildet sich eine dicke weiße Zuckerschicht.
3. Herd auf niedrige Hitze schalten. Weiterrühren, bis die Zuckerschicht leicht karamellisiert und alle Mandeln (Nüsse) von einer glänzenden Zuckerschicht überzogen sind. Nicht zu dunkel werden lassen.
4. Gebrannte Mandeln (Nüsse) auf das Backblech schütten. Abkühlen lassen.

Tipps

- Statt Zimt kannst du Vanillezucker nehmen.
- Gebrannte Mandeln oder Nüsse sind tolle Geschenke aus der Küche!

SEELENFUTTER FÜR WOHLIGES BAUCHGEFÜHL

Seelenfutter und Wohlfühlgerichte: Diese Leckereien sorgen für gute Stimmung!

Gugelhupf nach Omas Rezept mit laktosefreier Milch oder Haferdrink

Menge: 12–14 Stück
Zubehör: Gugelhupfform (2,5 l Fassungsvermögen)
Backtemperatur: 180 °C Ober-/Unterhitze
Backzeit: ca. 1 Stunde

Zutaten

125 g weiche Butter
200 g Zucker
3 Eier, L, getrennt, Raumtemperatur
500 g Mehl
1 EL Backpulver
500 ml laktosefreie Milch oder Haferdrink, Raumtemperatur
100 g Walnüsse, gehackt (optional)
100 g dunkle Schokolade, gehackt, laktosefrei (optional)
Puderzucker oder 100 g dunkle Schokolade, gehackt, laktosefrei + 1 EL Kokosfett

Zubereitung

1. Backrohr vorheizen. Form gründlich einfetten und mit Mehl bestäuben.

2. Butter und Zucker auf hoher Stufe 5 Minuten gut schaumig rühren. Eigelb einzeln dazugeben, jeweils gut unterrühren.

3. Mehl mit Backpulver vermischen. Milch oder Haferdrink und Mehlmischung abwechselnd zum Teig geben; mit Milch/Haferdrink beginnen und mit Mehlmischung enden. Jeweils auf niedriger Stufe rühren, bis sich alles gerade so verbunden hat.

4. Eiklar zu cremigem Schnee schlagen und mit dem Schneebesen unter den Teig heben. Optional Walnüsse und/oder gehackte Schokolade mit dem Teigspatel unterheben.

5. Den Teig in die Form füllen und glatt streichen. Auf der zweiten Schiene von unten backen. Stäbchenprobe machen. Fertigen Gugelhupf aus dem Rohr nehmen. 15 Minuten in der Form lassen, dann auf ein Kuchengitter stürzen und auskühlen lassen.

6. Mit Puderzucker bestäuben. Alternativ Schokolade in kleine Stücke hacken und mit dem Kokosfett im Wasserbad schmelzen. Den Gugelhupf damit überziehen.

Chocolate-Chip-Cookie-Tarte mit Schokocreme und Erdnüssen

Menge: 12–14 Stück
Zubehör: geschlossene Tarteform oder Springform (Ø 24 cm), Backpapier, großes feines Sieb
Backtemperatur: 170 °C Umluft
Kühlzeit: 10 Minuten
Backzeit: 25–30 Minuten

Zutaten

200 g dunkle Schokolade, laktosefrei
40 g geröstete und gesalzene Erdnüsse
230 g weiche Butter
120 g Zucker
110 g brauner Zucker
1 EL Vanillezucker
1 Ei, L, Raumtemperatur
1 Eigelb, L
240 g Mehl
1 TL Natron
½ TL Salz
150 g laktosefreier Nuss-Schoko-Aufstrich (Grundrezept S. 67)

Zubereitung

1. Backrohr vorheizen. Bei Tarteform: Einfetten und so mit Backpapier belegen, dass das Papier über den Rand ragt und du die Tarte damit aus der Form heben kannst. Bei Springform: einfetten.

2. Schokolade grob hacken. Ein großes, feines Sieb auf einen Teller stellen. Schokolade hineingeben und rütteln, bis keine Späne mehr abfallen. Erdnüsse grob hacken.

3. Butter, Zucker, braunen Zucker und Vanillezucker auf hoher Stufe hell schlagen. Ei und Eigelb gründlich unterrühren. Mehl, Natron und Salz vermischen, auf niedriger Stufe in den Teig rühren. Schokostücke unterheben, 2–3 EL für die Dekoration zurückbehalten.

4. Die Hälfte des Teiges in der Form verstreichen. Den Nuss-Schoko-Aufstrich darüber verteilen, dabei 1 cm Abstand zum Rand halten. Die gehackten Erdnüsse aufstreuen, leicht festdrücken. 10 Minuten in der Kühltruhe kühlen. Zweite Hälfte des Teiges darüber glatt streichen, restliche Schokostücke aufstreuen. Goldgelb backen. Aus dem Rohr nehmen und in der Form abkühlen lassen.

Tipp

Die übrig gebliebenen Schokospäne auf dem Teller sind perfekt für heiße Schokolade.

Salz-Karamell-Schoko-Brownies

Menge: 16 Stück
Zubehör: Backform mit Hebeboden (20 x 20 cm)
Backtemperatur: 160 °C Ober-/Unterhitze
Backzeit: 40–45 Minuten

Zutaten

150 g Butter
150 g dunkle Schokolade, laktosefrei
120 g Mehl
¼ TL Backpulver
200 g brauner Zucker
2 Eier, L, Raumtemperatur
120 g Karamell (Grundrezept S. 62)
1 EL Vanillezucker
½ TL Meersalzflocken

Zubereitung

1. Backrohr vorheizen. Backform gut einfetten.

2. Butter bei niedriger Hitze schmelzen. Schokolade grob hacken.

3. Mehl, Backpulver und Zucker mit dem Schneebesen vermischen. Eier, Karamell, Vanillezucker und geschmolzene Butter dazugeben, möglichst kurz glatt rühren. Schokolade mit dem Teigspatel unterheben.

4. Den Teig in die Form füllen, glatt streichen. Backen, bis der Teig am Rand gerade fest ist. Aus dem Rohr nehmen und auskühlen lassen. Sobald die Brownies lauwarm sind, aus der Form nehmen und auf ein Kuchengitter setzen. Meersalzflocken darüberstreuen.

Tipps

- Klebrig-süß, schokoladig, leicht salzig – absolut köstlich!
- Wenn du keine Form mit Hebeboden hast, legst du einen breiten Streifen Backpapier so in die Form, dass du die Brownies damit herausheben kannst.
- Das Karamell kannst du einige Tage vorher herstellen, dann geht das Backen schneller.

Cheesecake-Brownies mit Kirschen

Menge: 16 Stück
Zubehör: Backform mit Hebeboden (20 x 20 cm)
Backtemperatur: 180 °C Ober-/Unterhitze
Backzeit: 45–55 Minuten

Zutaten

180 g dunkle Schokolade, laktosefrei
200 g Butter
2 Eier, L, Raumtemperatur
180 g brauner Zucker
100 g Mehl
1 TL Backpulver
200 g Frischkäse, laktosefrei
50 g Zucker
1 EL Vanillezucker
200 g frische Kirschen, gewaschen und trocken getupft

Tipps

- Wenn du keine Form mit Hebeboden hast, legst du einen breiten Streifen Backpapier so in die Form, dass du die Brownies damit herausheben kannst.
- Nicht zu lange marmorieren. Die Teige vermischen sich sonst zu einem unappetitlichen Mittelbraun.

Zubereitung

1. Backrohr vorheizen und die Backform einfetten.

2. Die Schokolade grob hacken, Butter in kleine Stücke schneiden. Beides zusammen im Wasserbad schmelzen und leicht abkühlen lassen.

3. Die Eier mit dem Schneebesen gut verquirlen. Erst den Zucker, dann die abgekühlte Schokoladenmischung unterrühren. Mehl mit Backpulver vermischen und dazugeben. Mit dem Schneebesen verrühren, bis sich alles gerade so verbunden hat. Den Teig in die Backform gießen und glatt streichen.

4. Frischkäse, Zucker und Vanillezucker auf niedriger Stufe glatt rühren. Die Creme vorsichtig auf dem Brownieteig verstreichen. Eine Gabel so durch den Teig ziehen, dass eine Marmorierung entsteht. Die Kirschen auf dem Teig verteilen.

5. Auf der zweiten Schiene von unten backen. Fudgy Brownies ca. 45 Minuten backen, dann sind sie noch feucht und die Cheesecake-Creme weich. Durchgebackene Brownies 5–10 Minuten länger backen.

6. Aus dem Ofen nehmen und auskühlen lassen. In 16 Stücke teilen. Kühl aufbewahren. Vor dem Servieren Zimmertemperatur annehmen lassen.

Klassische Waffeln nach einem Familienrezept

Menge: ca. 36 Herzwaffeln
Zubehör: Waffeleisen für Herzwaffeln

Zutaten

220 g weiche Butter
220 g Zucker
1 EL Vanillezucker
4 Eier, L, Raumtemperatur
220 g Mehl
1 Prise Salz
etwas Pflanzenöl

Zubereitung

1. Butter, Zucker und Vanillezucker auf hoher Stufe 5–10 Minuten hell und luftig schlagen.

2. Eier einzeln unterrühren, dabei jeweils mindestens 1 Minute unterrühren. Falls sich die Masse schlecht verbindet, 1 EL Mehl dazugeben.

3. Mehl und Salz vermischen. Auf niedriger Stufe unterrühren, bis sich alles zu einem glatten Teig verbindet. Nicht zu lange rühren.

4. Das Waffeleisen mit neutralem Pflanzenöl bepinseln, laut Anleitung erhitzen. Waffeln goldbraun backen.

Tipp

Die Waffeln schmecken natürlich auch kalt, besonders lecker aber lauwarm mit Ahornsirup, Beeren und Sahne. Auch mit Zimtzucker oder Puderzucker bestreut sind sie köstlich.

Kaiserschmarrn mit Zwetschgenröster

Menge: 2–3 Portionen
Zubehör: Einweg-Teebeutel oder kleines Leinensäckchen

Zutaten

Zwetschgenröster
1 kg Zwetschgen
1 Zimtstange
6–7 Nelken
180 g Zucker
Kaiserschmarrn
300 ml Milch, laktosefrei
125 g helles Dinkelmehl oder Weizenmehl
1 EL Zucker
1 Prise Salz
4 Eier, L
2 EL Pflanzenöl
2 EL Butter
2–3 EL Zucker

Zubereitung

1. Für den Zwetschgenröster die Zwetschgen waschen, halbieren und entsteinen.

2. Die Zimtstange in kleine Teile brechen. Zusammen mit den Nelken in einen Einweg-Teebeutel oder ein kleines Leinensäckchen geben.

3. 200 ml Wasser, Zucker und Gewürzbeutel in einem großen Topf aufkochen. Zwetschgen dazugeben, zum Kochen bringen. Hitze zurückschalten. Den Zwetschgenröster ca. 30 Minuten köcheln lassen. Gewürzbeutel entfernen.

4. Für den Kaiserschmarrn die Milch in eine Rührschüssel geben. Mehl dazugeben, mit dem Schneebesen glatt rühren. Zucker und Salz unterrühren.

5. Mit dem Schneebesen die Eier unterrühren, und zwar so, dass keine Luft in den Teig kommt: Nur auf dem Schüsselboden rühren, auf keinen Fall kräftig schlagen. Die Eier einarbeiten, bis der Teig glatt ist.

6. 1 EL Öl und 1 EL Butter in die Pfanne geben, gut erhitzen. Teig fingerdick eingießen. Deckel aufsetzen, auf mittlere Stufe zurückschalten. Wenn die Unterseite gut gebräunt ist, den Teig in zwei Hälften teilen und umdrehen.

7. Die jetzige Unterseite bräunen, den Schmarrn dabei mit dem Teigspatel in Stücke reißen und rühren, bis er durchgebacken und goldgelb ist. Den Schmarrn an den Rand schieben, 1 EL Zucker in die Pfanne geben und schmelzen lassen. Den Schmarrn darin wenden. Den restlichen Teig genauso verarbeiten. Kaiserschmarrn mit Zwetschgenröster servieren.

Tipps

- Schmeckt besonders lecker, wenn der Zwetschgenröster noch warm ist.
- Der Kaiserschmarrn klappt auch mit Mandeldrink oder Haferdrink.

Aprikosenknödel aus Quarkteig mit Zimtzucker

Menge: 8–10 Knödel (je nach Größe der Aprikosen)
Kühlzeit: 1 Stunde
Kochzeit: je nach Größe 8–12 Minuten

Zutaten

250 g Quark, laktosefrei (20 % Fett)
50 g weiche Butter
abgeriebene Schale von ½ Bio-Zitrone
Salz
1 Ei, L
60 g griffiges Mehl
60 g Grieß (Weichweizen)
8–10 Aprikosen, je nach Größe
Würfelzucker
75–100 g Butter
300–350 g Paniermehl
3–4 EL Zucker
1 gehäufter TL Zimt

Tipp

Die Knödel sind zuerst unten im Topf und schwimmen nach oben, wenn sie fertig sind. Nimm einen Probeknödel heraus und schneide ihn auseinander. Wenn der Teig durch ist und die Aprikose weich ist, ist der Knödel perfekt.

Zubereitung

1. Die Flüssigkeit aus der Quarkpackung abgießen. Quark mit Butter, Zitronenschale und einer Prise Salz in eine Rührschüssel geben. Mit dem Rührhaken auf niedriger Stufe glatt rühren. Das Ei unterrühren. Mehl und Grieß dazugeben, alles zu einem glatten Teig rühren. Mindestens 1 Stunde kühlen.

2. Die Aprikosen waschen, trocknen und entsteinen. Mit je einem Stück Würfelzucker füllen.

3. In einem großen Topf so viel leicht gesalzenes Wasser zum Kochen bringen, dass die Knödel schwimmen können.

4. Die Knödel zubereiten: Hände in kaltes Wasser tauchen. Mit nassen Händen einen guten Esslöffel Teig in eine Hand nehmen, mit der anderen Hand flach drücken. Eine Aprikose in die Mitte setzen, mit Teig umhüllen, gut verschließen. So fortfahren, bis Teig und Aprikosen verarbeitet sind.

5. Die Knödel ins kochende Wasser geben, leicht wallend köcheln lassen. Wenn sie an die Oberfläche kommen, sind sie fertig.

6. Währenddessen die Butter in einer Pfanne bei mittlerer Hitze schmelzen. Das Paniermehl zugeben und unter häufigem Rühren rösten. Nach 3–5 Minuten den Zucker zugeben. Wenn das Paniermehl goldbraun ist, vom Herd nehmen. Den Zimt unterrühren.

7. Bei einem Probeknödel testen, ob die Knödel durch sind. Fertige Knödel aus dem Wasser heben und im Paniermehl wälzen.

Zwetschgenknödel aus Kartoffelteig mit Zimtzucker

Menge: 8–16 Stück (je nach Größe der Zwetschgen)
Zubehör: Kartoffelpresse
Kochzeit: je nach Größe 8–12 Minuten

Zutaten

600 g mehlige Kartoffeln
8–16 Zwetschgen, je nach Größe (alternativ: Aprikosen)
Würfelzucker
200 g Mehl plus weiteres Mehl nach Bedarf
50 g Grieß (Weichweizen)
50 g weiche Butter
2 Eigelb, L
1 Prise Salz + Salz für das Salzwasser
75–100 g Butter
300–350 g Paniermehl
3–4 EL Zucker
1 gehäufter TL Zimt

Zubereitung

1. Kartoffeln schälen, in 3 x 3 cm große Stücke schneiden und dämpfen, bis sie gar sind.

2. Währenddessen die Zwetschgen waschen, trocken tupfen und entsteinen. Mit je einem Stück Würfelzucker füllen.

3. Mehl, Grieß, Butter, Eigelb und Salz auf die Arbeitsfläche häufen.

4. Die gegarten Kartoffeln leicht abkühlen lassen. Durch die Kartoffelpresse zu den restlichen Zutaten pressen. Mit den Händen zu einem glatten, nicht klebrigen Teig kneten. Falls der Teig zu feucht und klebrig ist, mehr Mehl einkneten. Den Teig mit einem Tuch bedecken, 5–10 Minuten ruhen lassen.

5. In einem großen Topf so viel leicht gesalzenes Wasser zum Kochen bringen, dass die Knödel schwimmen können.

6. Den Teig zu einer Rolle mit 5 cm Durchmesser formen, in 2–3 cm dicke Scheiben schneiden. Je eine Scheibe mit der Hand flach drücken, eine Zwetschge aufsetzen, mit Teig umhüllen, gut verschließen. So fortfahren, bis Teig und Zwetschgen verarbeitet sind.

7. Die Knödel ins kochende Wasser geben und leicht wallend köcheln lassen. Wenn sie an die Oberfläche kommen, sind sie fertig.

8. Währenddessen die Butter in einer Pfanne bei mittlerer Hitze schmelzen. Paniermehl zugeben, unter häufigem Rühren rösten. Nach 3–5 Minuten den Zucker zugeben. Wenn das Paniermehl goldbraun ist, vom Herd nehmen und den Zimt unterrühren.

9. Bei einem Probeknödel testen, ob die Knödel durch sind und die Zwetschge weich ist. Fertige Knödel aus dem Wasser nehmen, im Paniermehl wälzen.

Quark-Nocken

Menge: 15–18 Nocken
Kochzeit: ca. 25 Minuten

Zutaten

250 g Quark, 20 % Fett, laktosefrei
125 g saure Sahne, laktosefrei
3 Eier, L
200 g Mehl
1 Prise Salz
1 EL Milch, laktosefrei (bei Bedarf)
100 g Butter

Zubereitung

1. Die Flüssigkeit aus der Quarkpackung abgießen. Quark mit dem Rührhaken auf niedriger Stufe glatt rühren. Saure Sahne und Eier unterrühren. Mehl und Salz kurz unterrühren, bis sich alles zu einem weichen Teig vermischt. Falls der Teig zu fest ist, 1 EL Milch zugeben.

2. Eine große beschichtete Pfanne auf den Herd stellen. Den Boden mit Wasser gerade so bedecken. Butter klein schneiden und dazugeben. Auf mittlere Hitze schalten, Butter schmelzen.

3. Mit einem Esslöffel große Nocken ausstechen und dicht nebeneinander in die Pfanne setzen. Den Deckel aufsetzen, auf niedrige bis mittlere Hitze schalten. Die Quark-Nocken gehen stark auf.

4. Nach ca. 22–25 Minuten beginnt es in der Pfanne deutlich zu prasseln. Jetzt die Pfanne vom Herd nehmen. Die Nocken fallen nun zusammen. Heiß mit Zimtzucker und Preiselbeermarmelade servieren.

Tipp

Perfekt als Wohlfühl-Abendessen!

Süße Grießknödel mit Krokantbröseln

Menge: 10 Knödel
Zubehör: Backblech, Backpapier
Kochzeit: ca. 10 Minuten

Zutaten

90 g Pekannüsse oder Walnüsse
160 g feiner Kristallzucker
300 ml Milch, laktosefrei
20 g Butter
1 Prise Salz
1 EL Vanillezucker
ca. 110 g Grieß (Weichweizen)
1 Ei, L (alternativ: 2 Eigelb)
100 g Butter
120 g Paniermehl + 80 g Krokant
(alternativ: 200 g Paniermehl)
60 g Zucker

Tipps

- Grießknödel mit Zwetschgenröster, Preiselbeermarmelade oder Kompott servieren.
- Für die schnelle Variante ohne Krokant nimmst du einfach mehr Paniermehl (wie angegeben).
- Das restliche Krokant in einer luftdichten Dose aufbewahren: Schmeckt zu Eiscreme oder als Nascherei zwischendurch.

Zubereitung

1. Zuerst das Krokant zubereiten: Backblech mit neutralem Pflanzenöl einölen.
2. Nüsse grob hacken. Ein Drittel des Zuckers in der Pfanne bei mittlerer Hitze schmelzen, die Pfanne dabei immer wieder rütteln. Wenn der Zucker geschmolzen ist, nach und nach den restlichen Zucker zugeben. Mit dem Kochlöffel rühren, bis alles geschmolzen und goldgelb ist. Das Karamell vom Herd nehmen. nehmen, Nüsse unterrühren.
3. Die Masse auf das Backblech gießen. Sofort mit Backpapier bedecken, mit dem Teigroller dünn ausrollen. Auskühlen lassen. 80 g abnehmen und fein hacken.
4. Für die Grießknödel Milch, Butter, Salz und Vanillezucker im mittelgroßen Topf zum Kochen bringen, dabei mit dem Schneebesen umrühren. Grieß dazugeben und rühren, bis sich die Masse vom Boden löst. Masse in eine Rührschüssel geben, leicht abkühlen lassen.
5. Ei bzw. Eigelb in die Grießmasse rühren. Mit befeuchteten Händen zu einer glatten Masse kneten. Zehn Knödel mit 4–5 cm Durchmesser formen.
6. In einem großen Topf reichlich leicht gesalzenes Wasser zum Kochen bringen. Hitze zurückschalten und die Knödel einlegen. Den Deckel halb auflegen, die Knödel knapp unter dem Siedepunkt ca. 10 Minuten ziehen lassen.
7. Währenddessen das Krokant-Paniermehl zubereiten: Butter bei mittlerer Hitze zerlassen, Paniermehl und Zucker einrühren. Goldgelb rösten, vom Herd nehmen und das gehackte Krokant unterrühren.
8. Knödel aus dem Wasser heben und kurz auf Küchenpapier abtrocknen. Im Krokant-Paniermehl wälzen.

Hafermus

Menge: 3–4 Portionen
Kochzeit: 25–30 Minuten

Zutaten

1 l Milch, laktosefrei
8 gehäufte EL zarte Haferflocken
Zimtzucker
Preiselbeer- oder eine andere Marmelade nach Geschmack
mehrere Stück Schokolade, laktosefrei

Zubereitung

1. Milch und Haferflocken in einem großen Topf aufkochen, dabei immer wieder umrühren. Wenn die Milch kocht, auf niedrige Hitze schalten. Unter häufigem Rühren 25–30 Minuten köcheln, bis die gewünschte Konsistenz erreicht ist.

2. Mit Zimtzucker, Marmelade und Schokolade servieren.

Tipps

- Ein wärmendes Lieblingsessen an kalten Tagen.
- Für veganes Hafermus nimmst du Haferdrink oder Mandeldrink.
- Mit glutenfreien Haferflocken ist das Hafermus glutenfrei.
- Du kannst auch andere Toppings nehmen, z. B. Ahornsirup, Mandelmus, frisches Obst oder Kompott – was auch immer dir schmeckt!

FÜR FEIERTAGE UND FESTE

Feiertage und Feste gehören gefeiert. Hier findest du unkomplizierte Rezepte genauso wie aufwendigere Kuchen, Torten und Plätzchen.

Gelingsichere Muttertagstorte

Menge: 12–14 Stück
Zubehör: 1 Springform (Ø 24 cm)
Backtemperatur: 175 °C Ober-/Unterhitze
Backzeit: 50–60 Minuten

Zutaten

Teig
1 Becher (250 g) saure Sahne, laktosefrei
1 Becher (200 g) Zucker
1 Becher (130 g) Mehl
1 EL Backpulver
½ Becher (40 g) Kakao
¾ Becher (70 g) Mandeln, gemahlen
¼ Becher (60 g) neutrales Pflanzenöl
3 Eier, L
4–5 EL Johannisbeer- oder Himbeermarmelade

Topping
300 g Frischkäse, laktosefrei
4 EL Sahne, laktosefrei
2 EL Vanillezucker
125 g Puderzucker

Dekoration
Erdbeeren, Heidelbeeren, Zuckerstreusel, gehackte Schokolade, Kokosflocken …

Zubereitung

1. Backrohr vorheizen und Springform einfetten.

2. Alle Zutaten für den Teig in eine Rührschüssel geben. Mit dem Schneebesen zu einem glatten Teig rühren. In die Form füllen, glatt streichen.

3. Auf der zweiten Schiene von unten backen. Stäbchenprobe machen. Den fertigen Kuchen aus dem Rohr nehmen, 10 Minuten in der Form auskühlen lassen. Aus der Form nehmen und auf einem Kuchengitter auskühlen lassen.

4. Den Kuchen horizontal halbieren. Die untere Hälfte mit Marmelade füllen, die obere Hälfte wieder aufsetzen.

5. Die Zutaten für das Topping mit dem Handmixer auf niedriger Stufe eine halbe bis 1 Minute glatt rühren. Mit einem Esslöffel wolkig auf der Torte verteilen.

6. Mit einer Dekoration nach Wahl verzieren: Ein einziges Topping für die gesamte Torte oder für jedes Viertel ein anderes Topping. Du kannst dich kreativ austoben!

Tipp

Mit ein bisschen Hilfe bekommen auch Kinder diese Torte hin: Der Saure-Sahne-Becher ist hier der Messbecher.

Brownie-Cheesecake-Herzen mit Himbeertopping

Menge: 10–15 Herzen (je nach Größe) oder 25 Stück
Zubehör: Backblech, verstellbarer Backrahmen, Backpapier, Ausstecher in Herzform (Ø 8–10 cm)
Backtemperatur: 175 °C Ober-/Unterhitze oder 150 °C Umluft
Backzeit: 30–35 Minuten
Kühlzeit: 1 Stunde

Zutaten

Teig
225 g dunkle Schokolade, laktosefrei
190 g Butter
3 Eier, L
180 g brauner Zucker
1 Prise Salz
150 g Mehl
40 g Kakao
1 gestrichener TL Backpulver

Cheesecake
400 g Frischkäse, laktosefrei
100 g Puderzucker, gesiebt
1 Pck. Vanillezucker
2 Eier, L

Topping
125 g Frischkäse, laktosefrei
80 g Puderzucker, gesiebt
1 EL Vanillezucker
200 g Himbeeren, TK, aufgetaut
4 Blatt Gelatine
250 ml Sahne, laktosefrei
einige Himbeeren für die Dekoration, frisch oder TK (optional)
Schokoraspel (siehe Tipp)

Zubereitung

1. Backrohr vorheizen. Backrahmen auf 25 x 25 cm einstellen und auf ein mit Backpapier belegtes Backblech setzen.

2. Die Schokolade grob hacken, Butter in kleine Stücke schneiden. Beides zusammen im Wasserbad schmelzen, leicht abkühlen lassen.

3. Eier, Zucker und Salz auf hoher Stufe 3–4 Minuten cremig schlagen. Auf niedrige Stufe schalten, Schokoladenbutter unterrühren.

4. Mehl, Kakao und Backpulver mischen. Mit dem Schneebesen zügig unter die Schokolademasse rühren. Teig in den Backrahmen gießen, glatt streichen.

5. Frischkäse, Puderzucker und Vanillezucker auf niedriger Stufe glatt rühren. Nach und nach die Eier unterrühren. Die Masse vorsichtig über dem Brownieteig verstreichen; die Teige sollen sich nicht vermischen. Backen, bis die Cheesecake-Schicht noch hell, aber in der Mitte nicht mehr wabbelig ist. Aus dem Rohr nehmen und im Backrahmen abkühlen lassen.

6. Für das Himbeertopping die Gelatine in kaltem Wasser einweichen.

7. Frischkäse, Puderzucker und Vanillezucker auf niedriger Stufe glatt rühren, dann auf niedriger Stufe die Himbeeren unterrühren.

8. Die Gelatine ausdrücken, bei niedriger Hitze schmelzen und vom Herd nehmen. Mit dem Schneebesen 2 EL Frischkäsemischung unter die Gelatine rühren, diese Mischung unter die Himbeercreme rühren. Sahne steif schlagen und unterheben.

9. Himbeercreme auf dem Brownie-Cheesecake verteilen. 1 Stunde kühlen. Herzen ausstechen oder in 25 Stücke schneiden. Mit Himbeeren und Schokoraspeln verzieren. Kühl aufbewahren.

Tipp

Die Schokoraspel schabst du mit einem Sparschäler von einer Rippe dunkler Schokolade direkt über die Cheesecake-Brownies.

Cheesecake-Herzen und -Pralinen

Menge: 4 große Herzen + ca. 16 Pralinen
Zubehör: Backrahmen, Backblech, Backpapier, Ausstecher in Herzform (Ø 8–10 cm)
Backtemperatur: 170 °C Ober-/Unterhitze
Kühlzeit: 30 Minuten + über Nacht
Backzeit: 35–40 Minuten

Zutaten

350 g Hafer- oder Vollkornplätzchen, laktosefrei
165 g Butter

Füllung

600 g Frischkäse, laktosefrei
150 g Mascarpone, laktosefrei
140 g Zucker
1 Ei, L
1 Eigelb, L
1 EL Vanillezucker

Glasur und Dekoration

300 g dunkle Schokolade, laktosefrei
1–2 EL Kokosfett
je 1–2 EL Himbeeren und Erdbeeren, gefriergetrocknet
2 EL Pistazien, gehackt
2 EL Kokosflocken
1–2 EL Kakaonibs

Tipp

Gefriergetrocknete Beeren bekommst du im Supermarkt, im Bio-Laden oder im Reformhaus.

Zubereitung

1. Backblech mit Backpapier belegen, Backrahmen in der Größe des Blechs daraufsetzen.

2. Die Plätzchen in einen großen Plastikbeutel geben und mit dem Teigroller zu kleinen Krümeln klopfen.

3. Butter in Stücke schneiden, bei niedriger Hitze schmelzen. Plätzchenkrümel unterrühren. Masse in den Backrahmen füllen und sehr gut festdrücken. 30 Minuten kühlen.

4. Backrohr vorheizen.

5. Zutaten für die Füllung auf niedriger Stufe nur kurz glatt rühren. Auf den Boden gießen, glatt streichen. Auf der zweiten Schiene von unten backen, bis der Cheesecake an den Rändern leicht hellbraun wird. Aus dem Rohr nehmen und über Nacht kühlen.

6. Am nächsten Tag Formen ausschneiden: Einen Herzausstecher auf den Cheesecake setzen und leicht eindrücken. Den Ausstecher als Schablone benutzen und mit einem scharfen Messer ein Herz aus dem Cheesecake ausschneiden. Alternativ den Cheesecake in Würfel schneiden. Hier: 4 Herzen, ca. 8 cm, und 16 Würfel von ca. 4 x 4 cm. Herzen und/oder Würfel auf ein Kuchengitter setzen.

7. Schokolade fein hacken. Zwei Drittel mit dem Kokosfett im Wasserbad schmelzen. Vom Wasserbad nehmen, die restliche Schokolade unterrühren. Abkühlen lassen, bis die Glasur dick und zähflüssig ist.

8. Die Glasur über die Cheesecake-Herzen und -Pralinen geben. Mit einer Tortenpalette oder einem großen Messer glatt streichen, die Glasur dekorativ die Seiten hinabfließen lassen. Mit gefriergetrockneten Himbeeren und Erdbeeren, Pistazien, Kokosflocken und Kakaonibs in verschiedenen Kombinationen verzieren.

Kleine Osterkränze aus Hefeteig

Menge: 4 Kränze
Zubehör: 2 Backbleche, Backpapier
Backtemperatur: 170 °C Ober-/Unterhitze
Gehzeit: 30–45 Minuten + 30 Minuten
Backzeit: 25–30 Minuten

Zutaten

Teig

250 ml Milch, laktosefrei
1 Pck./7 g Trockenhefe
1 EL Zucker
100 g Butter
550 g Mehl
100 g Zucker
2 Eier, L, Raumtemperatur
1 Prise Salz
abgeriebene Schale von ½ Bio-Zitrone

Außerdem

1 Eigelb
2–3 EL Sahne, laktosefrei
Hagelzucker

Tipp

Die Osterkränze schmecken frisch am besten. In Frischhaltefolie gewickelt halten sie drei bis vier Tage.

Zubereitung

1. Milch leicht erwärmen (max. 38 °C), Trockenhefe und 1 EL Zucker einrühren. 5 Minuten stehen lassen. Butter bei niedriger Hitze schmelzen.

2. Mehl, Zucker, Eier, Salz, Zitronenschale, Milchmischung und flüssige Butter in eine Rührschüssel geben. Mit dem Knethaken auf mittlerer Stufe 5–10 Minuten zu einem glatten Teig kneten. Falls der Teig klebrig ist, 1–2 EL Mehl einarbeiten.

3. Die Schüssel mit einem sauberen Küchentuch bedecken und den Teig 30–45 Minuten an einem warmen Ort gehen lassen (erste Gehzeit). Der Teig sollte sein Volumen verdoppeln.

4. Die Backbleche mit Backpapier belegen.

5. Den Teig kurz durchkneten und in vier Stücke teilen. Ein Stück dritteln, aus den drei Teigstücken Stränge von 25–30 cm Länge rollen und zu einem Zopf flechten. Oben zusammendrücken, abwechselnd rechten und linken Strang über den mittleren Strang legen. Anfang und Ende des Zopfes verbinden, sodass ein Kranz entsteht. Die weiteren drei Teigstücke genauso verarbeiten.

6. Auf jedes Blech mit ausreichend Abstand zwei Osterkränze geben. Mit sauberem Küchentuch bedecken, ca. 30 Minuten gehen lassen (zweite Gehzeit).

7. Backrohr vorheizen. Ei und Sahne verquirlen, die Kränze damit bestreichen. Mit Hagelzucker bestreuen. Osterkränze goldgelb backen, aus dem Backrohr nehmen und abkühlen lassen.

Osterhasen-Plätzchen aus Reis- und Maismehl

Menge: ziemlich viele Plätzchen
Zubehör: 2 Backbleche, Backpapier, Osterhasenausstecher oder andere Ausstecher (Ø 3–5 cm)
Backtemperatur: 200 °C Ober-/Unterhitze
Kühlzeit: 30 Minuten
Backzeit: ca. 15 Minuten

Zutaten

250 g weißes oder braunes Reismehl
250 g Maismehl
180 g brauner Zucker
1 EL Vanillezucker
3 Eier, L, Raumtemperatur
300 g weiche Butter

Zubereitung

1. Alle Zutaten in eine Rührschüssel geben und mit dem Knethaken zu einem glatten Teig kneten. Wenn nötig, kurz von Hand kneten, bis sich alles gut verbunden hat. Der Teig ist weich. Flach drücken, in Frischhaltefolie wickeln. 30 Minuten kühlen.

2. Backrohr vorheizen und Backbleche mit Backpapier belegen.

3. Arbeitsfläche mit Maismehl bestäuben, den Teig darauf 3–4 mm dick ausrollen. Osterhasen oder andere Formen ausstechen, auf die Bleche legen und goldgelb backen.

Tipp

Sehr lecker zu einer Tasse Tee oder Kaffee!

Karottentorte ohne Mehl und mit Frischkäse-Topping

Menge: 12–14 Stück
Zubehör: Springform (Ø 24 cm)
Backtemperatur: 160 °C Ober-/Unterhitze
Kühlzeit: mind. 2 Stunden
Backzeit: 80–85 Minuten

Zutaten

Teig
5 Eier, L, Raumtemperatur
260 g brauner Zucker
1 EL Vanillezucker
70 g Mandeln, ganz
320 g Karotten, geputzt und geschält
420 g Mandeln, gemahlen
1 TL Backpulver
75 g Kokosflocken
1 TL Zimt
125 ml Sonnenblumenöl oder Rapsöl
Topping
250 g Frischkäse, laktosefrei
50 g Puderzucker
1 EL Zitronensaft
30 g Kokos-Chips oder Kokosflocken

Tipps

- Die Karottentorte unbedingt kühlen. Sie ist krümelig und wird durch das Kühlen im Kühlschrank fester.
- Wenn du glutenfreies Backpulver nimmst, ist die Torte glutenfrei.

Zubereitung

1. Backrohr vorheizen, Springform gut einfetten.

2. Eier, Zucker und Vanillezucker auf hoher Stufe ca. 15 Minuten lang zu einer dicken Masse schlagen. Das Volumen sollte sich verdreifachen.

3. Währenddessen die Mandeln hacken und die Karotten fein reiben.

4. In einer großen Rührschüssel gemahlene Mandeln mit Backpulver vermischen. Gehackte Mandeln, geriebene Karotten, Kokosflocken, Zimt und Öl dazugeben. Gründlich vermischen.

5. Die Eimasse mit dem Teigspatel vorsichtig unter die Mandelmischung heben. Teig in die Springform füllen, auf der zweiten Schiene von unten backen. Stäbchenprobe machen. Den fertigen Karottenkuchen aus dem Backrohr nehmen und in der Form auskühlen lassen. Im Kühlschrank ca. 2 Stunden oder länger kühlen.

6. Den Frischkäse auf niedriger Stufe glatt rühren. Puderzucker dazu sieben, etwa 5 Minuten schlagen. Zitronensaft unterrühren.

7. Den Kuchen mit dem Frischkäse-Topping bestreichen.

8. Kokos-Chips oder -flocken in einer beschichteten Pfanne bei mittlerer Hitze goldgelb rösten. Auf einen Teller geben, auskühlen lassen. Die Torte damit bestreuen.

Weihnachtliche Tiramisu-Torte

Menge: 10–12 Stück
Zubehör: 2 Springformen (Ø 18 cm), Ausstecher in Sternform
Backtemperatur: 180 °C Ober-/Unterhitze
Kühlzeit: 15 Minuten
Backzeit: ca. 40 Minuten

Zutaten

Biskuit
5 Eigelb, L
250 g Zucker
250 g Mehl
1 gehäufter TL Backpulver
5 Eiklar, L
Füllung
500 g Mascarpone, laktosefrei
100 g Puderzucker, gesiebt
1 EL Vanillezucker
250 ml Sahne, laktosefrei
Außerdem
ca. 200 ml starker Espresso
1 Schuss laktosefreie Milch oder Rum
goldene Zuckerperlen
ca. 20 g dunkle Schokolade, laktosefrei

Zubereitung

1. Backrohr vorheizen. Springformen einfetten.

2. Eigelb, Zucker und 5 EL lauwarmes Wasser auf hoher Stufe 5–10 Minuten hell und schaumig rühren. Mehl und Backpulver vermischen, mit dem Schneebesen unterheben. Eiklar zu einem cremigen Schnee schlagen und mit dem Schneebesen unter die Eiermasse heben.

3. Den Teig in den Springformen verteilen. Auf der zweiten Schiene von unten goldgelb backen. Stäbchenprobe machen. Aus dem Rohr nehmen und auskühlen lassen.

4. Die Böden aus den Formen nehmen, Oben mit einem scharfen Messer begradigen, die abgeschnittenen Kuppeln beiseitelegen. Die Böden horizontal halbieren.

5. Mascarpone, Puderzucker und Vanillezucker bei mittlerer Stufe kurz glatt rühren, maximal 10 Sekunden. Sahne cremig-steif schlagen, mit dem Schneebesen kräftig unter die Mascarponecreme rühren.

6. Espresso mit Milch oder Rum vermischen und in eine flache Schale geben.

7. Die Torte zusammensetzen: untersten Boden auf ein Kuchengitter stellen, die Oberseite mit Kaffee bepinseln. Ein Viertel der Creme darüber verteilen. Den zweiten Boden auf der Unterseite und der Oberseite mit Espresso bepinseln, aufsetzen, ein weiteres Viertel der Creme darauf verstreichen. So weitermachen, bis alle vier Böden zusammengesetzt sind. Deckel oben nicht mit Espresso tränken.

8. Die Torte rundum mit 3–4 EL Creme dünn einstreichen, 15 Minuten kühlen. Torte mit der restlichen Creme glatt einstreichen, 1–2 EL Creme zurückbehalten.

9. Aus den Biskuitresten Sterne ausstechen. Dünn mit restlicher Creme bestreichen, mit goldenen Zuckerperlen bestreuen. Schokolade auf die Oberfläche raspeln, mit Sternen dekorieren. Kühl aufbewahren. Schmeckt frisch am besten.

Tante Traudls Walnussplätzchen

Menge: ca. 80 Stück
Zubehör: 2 Backbleche, Backpapier, runder Ausstecher (Ø 3 cm)
Backtemperatur: 175 °C Umluft
Kühlzeit: 1 Stunde
Backzeit: 8–9 Minuten

Zutaten

300 g Mehl
100 g Puderzucker
100 g Walnüsse, gemahlen
2 Eigelb, groß
200 g kalte Butter
ca. 250 g Aprikosenmarmelade
130 g dunkle Schokolade, laktosefrei
1–2 EL Butter
schöne Walnusshälften oder Schokostreusel

Zubereitung

1. Mehl, Puderzucker, Walnüsse, Eigelb und Butter, in kleine Stücke geschnitten, in eine Rührschüssel geben. Mit dem K-Haken der Küchenmaschine zu einem glatten Mürbteig kneten. Evtl. zuletzt kurz von Hand kneten. 1 Stunde im Kühlschrank kühlen.

2. Backrohr vorheizen. Backbleche mit Backpapier belegen.

3. Mürbteig auf der bemehlten Arbeitsfläche dünn ausrollen. Mit einem runden Ausstecher Scheiben von 3 cm Durchmesser ausstechen. Auf die Bleche legen, 8–9 Minuten hell backen. Aus dem Backrohr nehmen, 1–2 Minuten auf den Blechen lassen. Auf Kuchengitter geben, auskühlen lassen.

4. Aprikosenmarmelade aufkochen, vom Herd nehmen.

5. Die Hälfte der Plätzchen umdrehen, sodass die Unterseite oben liegt. Mit Marmelade bestreichen. Jeweils ein zweites Plätzchen aufsetzen.

6. Dunkle Schokolade fein hacken. Zusammen mit der Butter im Wasserbad schmelzen, dabei häufig umrühren. Plätzchen mit der Glasur bestreichen, mit einer Walnusshälfte oder Schokostreuseln verzieren. In luftdichter Dose kühl aufbewahren.

Nussecken

Menge: 80–110 Stück, je nach Größe
Zubehör: Backblech, Backpapier, Backrahmen
Backtemperatur: 200 °C Ober-/Unterhitze
Backzeit: 15–20 Minuten

Zutaten

Teig
250 g Mehl
125 g Butter, in kleine Stücke geschnitten
70 g brauner Zucker
1 Ei, L
1 Prise Salz

Belag
250 g Aprikosenmarmelade
125 g Butter
100 g brauner Zucker
300 g Haselnüsse, gemahlen

Glasur
250 g dunkle Schokolade, laktosefrei
80 g Butter

Zubereitung

1. Backrohr vorheizen.

2. Mehl, Butter, Zucker, Ei und Salz mit dem K-Haken oder von Hand zu einem glatten Mürbteig kneten. Teig auf Backpapier zu einem Rechteck von etwa 30 x 35 cm ausrollen. Backpapier samt Teig auf das Blech ziehen. Backrahmen um den Teig stellen.

3. Marmelade gleichmäßig auf dem Teig verstreichen.

4. Butter, Zucker und 3 EL Wasser in einem kleinen Topf unter Rühren aufkochen. Vom Herd nehmen, Haselnüsse unterrühren. Etwas abkühlen lassen.

5. Die Nussmasse gleichmäßig auf der Marmelade verteilen. Mit der Rückseite eines Esslöffels sehr gut festdrücken.

6. Auf der zweiten Schiene von unten goldbraun backen. Noch warm mit einem scharfen Messer in kleine Dreiecke schneiden.

7. Schokolade klein hacken. Zusammen mit der Butter im Wasserbad schmelzen und glatt rühren. Nussecken in die Glasur tunken, auf einem Kuchengitter fest werden lassen. In luftdichter Keksdose kühl aufbewahren.

Johannisbeertaler

Menge: ca. 80 Stück
Zubehör: 2 Backbleche, Backpapier, runder Ausstecher (Ø 3–4 cm)
Backtemperatur: 170 °C Umluft
Kühlzeit: 1 Stunde
Backzeit: 8–11 Minuten

Zutaten

Teig
560 g Mehl
420 g Butter
210 g Zucker
4 Eigelb, L
250–350 g Johannisbeermarmelade
Glasur
200 g dunkle Schokolade, laktosefrei
3 EL Butter
1 EL Kokosfett
Zuckerperlen
Mandeln, geschält und längs halbiert

Zubereitung

1. Alle Zutaten für den Teig mit dem K-Haken oder von Hand zu einem glatten Mürbteig kneten. 1 Stunde kühlen.

2. Backrohr vorheizen, Backbleche mit Backpapier belegen.

3. Die Hälfte des Teiges auf der bemehlten Arbeitsfläche dünn ausrollen. Mit einem Ausstecher Scheiben von ca. 3 cm Durchmesser ausstechen. Auf die Backbleche geben, zart backen. Die Plätzchen sollen hell bleiben. 2 Minuten auf dem Blech abkühlen lassen, dann auf ein Kuchengitter geben. Vorsicht, sie sind sehr zerbrechlich, wenn sie heiß sind.

4. Mit der zweiten Teighälfte ebenso verfahren. Teigreste zusammenkneten und kühlen, dann weiterverarbeiten wie beschrieben.

5. Die Johannisbeermarmelade unter Rühren aufkochen, vom Herd nehmen. Die Hälfte der Plätzchen umdrehen, sodass die Unterseite oben liegt. Mit Marmelade bestreichen. Jeweils ein zweites Plätzchen aufsetzen.

6. Schokolade in kleine Stücke schneiden, mit Butter und Kokosfett im Wasserbad schmelzen. Plätzchen mit Glasur bestreichen, mit Zuckerperlen bestreuen oder mit halbierten Mandeln belegen. In luftdichter Keksdose kühl aufbewahren.

Linzer Augen

Menge: 80–90 Stück
Zubehör: 2 Backbleche, Backpapier, Linzer-Augen-Ausstecher (Ø 3–4 cm)
Backtemperatur: 180 °C Umluft
Kühlzeit: 1 Stunde
Backzeit: 8–11 Minuten

Zutaten

560 g Mehl
420 g kalte Butter
210 g Zucker
4 Eigelb, L
250–350 g Aprikosen- oder Johannisbeermarmelade

Tipps

- Wenn du keinen Linzer-Augen-Ausstecher hast, nimmst du runde oder gezackte Ausstecher. Mit einer Lochtülle stichst du Löcher aus den Deckeln.
- Du kannst für alle Linzer Augen denselben Ausstecher nehmen oder wie ich variieren. Sieht hübsch aus und sorgt für Abwechslung auf dem Plätzchenteller!
- Johannisbeertaler und Linzer Augen sind aus demselben Mürbteig nach einem Rezept meiner Wiener Oma. Er lässt sich vielfach abwandeln und schmeckt auch mit anderen Marmeladen oder mit Nougat.

Zubereitung

1. Die Zutaten für den Teig mit dem K-Haken oder von Hand zu einem glatten Mürbteig kneten. 1 Stunde kühlen.

2. Backrohr vorheizen und Backbleche mit Backpapier belegen.

3. Die Hälfte des Teiges auf der bemehlten Arbeitsfläche dünn ausrollen. Mit einem Linzer-Augen-Ausstecher Plätzchen ausstechen: eine Hälfte Böden, eine Hälfte Deckel mit einem runden oder sternförmigen Loch in der Mitte.

4. Plätzchen auf die Bleche geben und zart backen. Sie sollen hell bleiben. Die fertigen Plätzchen aus dem Rohr nehmen, 2 Minuten auf dem Blech abkühlen lassen, dann auf ein Kuchengitter geben. Vorsicht, sie sind sehr zerbrechlich, wenn sie heiß sind.

5. Mit der zweiten Teighälfte ebenso verfahren. Teigreste zusammenkneten und kühlen, dann weiterverarbeiten wie beschrieben.

6. Die Marmelade unter Rühren aufkochen, vom Herd nehmen.

7. Die Böden umdrehen, sodass die Unterseite oben liegt, und mit Marmelade bestreichen. Jeweils einen Deckel aufsetzen. Die Linzer Augen nebeneinander auf ein Kuchengitter legen, dick mit Puderzucker bestäuben. In luftdichter Keksdose aufbewahren. Die einzelnen Lagen mit Backpapier bedecken, damit die Plätzchen nicht zusammenkleben.

Ungarische Nusskrapferl

Menge: 40–50 Stück
Zubehör: 2 Backbleche, Backpapier, runder Ausstecher (Ø ca. 5 cm)
Backtemperatur: 160 °C Umluft
Ruhezeit: 15 Minuten
Backzeit: 12–17 Minuten

Zutaten

Teig
400 g glattes Mehl
2 EL Puderzucker
2–3 EL Milch, laktosefrei
3 Eigelb, L
250 g weiche Butter
1 Pck./7 g Trockenhefe

Füllung
3 Eiklar, L
250 g Zucker
100 g Walnüsse, gemahlen

Außerdem
1 Ei, L
Puderzucker

Zubereitung

1. Die Zutaten für den Teig mit dem Knethaken bei niedriger Stufe zu einem glatten Teig kneten. In Frischhaltefolie wickeln, 15 Minuten kühlen.

2. Für die Füllung das Eiklar bei niedriger Stufe gut schaumig schlagen. Den Zucker dazugeben und auf hoher Stufe zu einem festen, glatten Schnee schlagen.

3. Backrohr vorheizen. Backbleche mit Backpapier belegen.

4. Den Teig in vier Teile teilen. Das erste Viertel zu einer dünnen Rolle formen und auf der gut bemehlten Arbeitsfläche zu einem länglichen Rechteck ausrollen. Mit einem Viertel des Eischnees bestreichen, ein Viertel der Nüsse darüberstreuen. Den Teig links und rechts zur Mitte klappen, sodass die Ränder überlappen.

5. Die Rolle mit verquirltem Ei bestreichen. Mit einem runden Ausstecher Halbmonde ausstechen. Mit dem restlichen Teig genauso verfahren.

6. Die Krapferl auf das Backblech setzen und goldgelb backen. Aus dem Rohr nehmen. Noch heiß mit Puderzucker bestreuen. Kühl aufbewahren.

Tipp

Die Ungarischen Nusskrapferl heißen auch Burgenländerkipferl. Luftig und leicht – ein Traum!

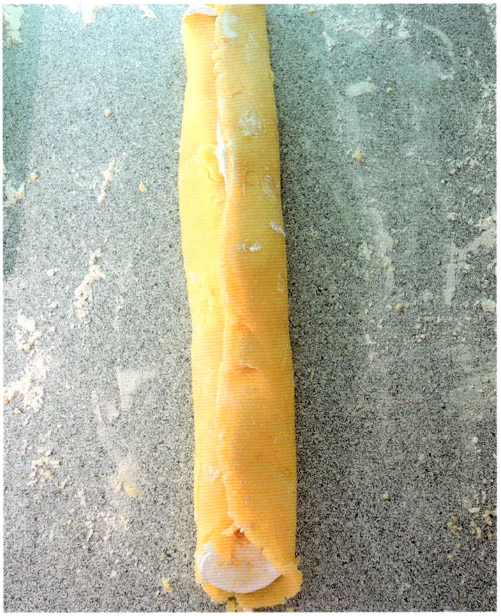

WENN ES MAL NICHT SÜSS SEIN SOLL

Laktosefrei backen geht auch herzhaft: Diese Rezepte sorgen für Abwechslung zu all dem Süßkram!

Quiche mit grünem Spargel

Menge: 8–10 Stück
Zubehör: geschlossene Tarteform (Ø 30 cm)
Backtemperatur: 200 °C Ober-/Unterhitze
Kühlzeit: 45 Minuten
Backdauer: 35–40 Minuten

Zutaten

Teig

250 g helles Dinkelmehl
125 g Magerquark, laktosefrei
125 g Butter
1 Ei, L
½ TL Salz

Füllung

500 g grüner Spargel
2 EL Olivenöl
125 g Dattel- oder Kirschtomaten
5–6 Zweige frischer Thymian, gewaschen und trocken getupft
4 Eier, L
250 g saure Sahne, laktosefrei
Salz, Pfeffer

Zubereitung

1. Die Zutaten für den Teig mit dem K-Haken zu einem glatten Teig kneten. Flach drücken, in Frischhaltefolie wickeln, 45 Minuten kühlen.

2. Spargel putzen, falls nötig das untere Drittel schälen. In 3 cm lange Stücke schneiden. In Olivenöl bei guter Mittelhitze anbraten, bis er leicht weich wird; er darf braune Stellen bekommen. Salzen und pfeffern, vom Herd nehmen. Etwas abkühlen lassen.

3. Dattel- oder Kirschtomaten halbieren. Thymianblätter abzupfen.

4. Das Backrohr vorheizen, die Tarteform einfetten.

5. Den Teig auf der bemehlten Arbeitsfläche rund ausrollen und in die Form heben. Spargel, Tomaten und Thymianblätter gleichmäßig darauf verteilen.

6. Eier, saure Sahne, Salz und Pfeffer mit dem Schneebesen verquirlen und über das Gemüse gießen.

7. Auf der zweiten Schiene von unten goldgelb backen. Sofort servieren.

Tipp

Schmeckt auch kalt!

Zupfbrot mit Knoblauchbutter oder Tomaten-Pinienkern-Butter

Menge: 3–4 Portionen
Sonstiges: 1 Kastenform, 30 x 10 cm
Backtemperatur: 200° C Ober-/Unterhitze
Gehzeit: 45 Minuten
Backzeit: ca. 25 Minuten

Zutaten

Teig
600 g Mehl
1 Pck./7 g Trockenhefe
½ TL Zucker
2 TL Salz
50 g Öl
Füllungsvariante 1: Knoblauchbutter
120 g weiche Butter
2 Zehen gepresster Knoblauch
2 TL getrockneter Oregano
Salz
Füllungsvariante 2: Tomaten-Pinienkern-Butter
120 g weiche Butter
4 EL getrocknete Tomaten in Öl, grob gehackt
4 EL frische Kräuter (z. B. Petersilie, Basilikum, Rosmarin, Salbei, Thymian), fein gehackt
3–4 EL Pinienkerne, ganz
Salz

Zubereitung

1. Alle Zutaten für den Teig mit 300 ml lauwarmem Wasser (max. 38 °C) in eine große Schüssel geben, 5–8 Minuten mit dem Knethaken kneten. Mit einem Küchentuch bedecken und 45 Minuten gehen lassen.

2. Zutaten für die gewünschte Füllung in einer kleinen Schüssel verrühren, Backrohr vorheizen.

3. Den Teig kurz durchkneten. Auf der bemehlten Arbeitsplatte zu einem Rechteck von ca. 40 x 60 cm ausrollen. Mit der Füllung bestreichen. Den Teig in Rechtecke von ca. 10 x 10 cm schneiden.

4. Die Kastenform hochkant aufstellen, die Rechtecke in die Form stapeln. Bei den Randstücken muss die Füllung nach innen schauen. Kastenform nun eben auf die Arbeitsfläche stellen. Teigstücke so verteilen, dass sie die Form locker ausfüllen. Es sollten keine großen Abstände dazwischen sein.

5. Auf der zweiten Schiene von unten goldgelb backen. Stäbchenprobe machen. Aus dem Rohr nehmen. Sofort servieren.

Tipp

Du hast die Wahl: Du kannst das Zupfbrot entweder mit Knoblauchbutter oder mit Tomaten-Pinienkern-Butter zubereiten, oder wie ich mit einer Kombination. Ich habe von jeder Füllung die Hälfte zubereitet und einen Teil des Zupfbrots mit Knoblauchbutter gefüllt, den zweiten Teil mit der Tomaten-Pinienkern-Butter.

Flammkuchen mit Camembert, Crème fraîche, Thymian und Birnen

Menge: 2 Flammkuchen in Backblechgröße
Zubehör: 2 Backbleche, Backpapier
Backtemperatur: 250 °C Ober-/Unterhitze
Backzeit: 10–12 Minuten

Zutaten

Teig
350 g Mehl
5 EL Olivenöl
1 TL Salz

Belag
2 Becher Crème fraîche
300 g Camembert, laktosefrei
2 reife Birnen
5-8 Zweige frischer Thymian, gewaschen und trocken getupft
2 EL Honig

Zubereitung

1. Backrohr vorheizen.

2. Den Camembert in Scheiben schneiden, die Birnen in dünne Scheiben schneiden.

3. Mehl, Olivenöl und Salz mit 230–240 ml Wasser in eine Rührschüssel geben. Erst mit dem Knethaken, dann von Hand zu einem glatten Teig kneten. Den Teig halbieren, jede Hälfte auf Backpapier dünn ausrollen und samt dem Papier auf ein Backblech ziehen.

4. Den Teig mit Crème fraîche bestreichen und mit Camembert, Birne und abgezupften Thymianblättchen belegen. Auf der untersten Schiene knusprig backen. Honig darüberträufeln und sofort servieren.

Tipp

Falls der Teig klebrig ist, gibst du etwas Mehl dazu. Falls er zu trocken ist, gibt du einige Tropfen Wasser dazu. Der Teig soll glatt sein und sich gut ausrollen lassen.

Schnelle Pizzaschnecken

Menge: 12 Stück
Zubehör: Backblech, Backpapier
Backtemperatur: 220 °C Ober-/Unterhitze
Backzeit: ca. 10–11 Minuten

Zutaten

125 g Mozzarella, laktosefrei
20 g Parmesan, laktosefrei
400 g fertiger Pizzateig, laktosefrei oder vegan
190 g Pesto rosso, laktosefrei
2–3 EL Oregano

Tipp

Ein leckeres schnelles Abendessen!

Zubereitung

1. Backrohr vorheizen und Backblech mit Backpapier belegen.

2. Mozzarella in kleine Würfel schneiden, Parmesan reiben.

3. Den Pizzateig ausrollen. Mit Pesto bestreichen, mit Mozzarella und Parmesan belegen, Oregano darüberstreuen. Teig zusammenrollen und in 12 Scheiben von jeweils 2–3 cm schneiden.

4. Die Scheiben auf das Blech legen und goldgelb backen. Sofort servieren.

Vegetarische Pizzabrötchen

Menge: 12–16 Pizzabrötchen
Zubehör: 2 Backbleche, Backpapier
Backtemperatur: 190 °C Ober-/Unterhitze
Backzeit: ca. 14–15 Minuten

Zutaten

1 rote Paprika
6 Cocktailtomaten
200 g Gouda oder Pizzakäse, gerieben, laktosefrei
140 g Mais (1 kleine Dose)
5 EL Sahne, laktosefrei
5 EL Tomatenmark
1 EL Oregano
½ TL Salz
6–8 Vollkornbrötchen, laktosefrei

Zubereitung

1. Backrohr vorheizen. Backbleche mit Backpapier belegen.

2. Paprika waschen, putzen und in kleine Würfel schneiden. Tomaten halbieren. Beides in eine Schüssel geben.

3. Gouda/Pizzakäse, Mais, Sahne, Tomatenmark, Oregano und Salz dazugeben, alles gut vermischen.

4. Brötchen halbieren und mit der Schnittfläche nach oben auf die Bleche setzen. Die Käsemischung großzügig darüber verteilen. Auf der zweiten Schiene von unten goldgelb backen und sofort servieren.

Tipp

Schmeckt auch kalt.

Käse-Igel

Menge: 4–6 Portionen
Zubehör: Backblech
Backtemperatur: 180 °C Umluft
Backzeit: 15–20 Minuten

Zutaten

70 g weiche Butter
2 EL Olivenöl
2 Knoblauchzehen, gepresst
1 TL Salz
1 EL Petersilie, gehackt
700 g rundes Roggenmischbrot, laktosefrei
200 g Cheddar, 3 Monate gereift, laktosefrei
50 g Emmentaler, laktosefrei

Zubereitung

1. Butter, Olivenöl, Knoblauch, Salz und Petersilie verrühren.

2. Das Brot von oben nach unten in Würfel von 2 x 2 cm schneiden, dabei nicht durchschneiden.

3. Die Hälfte der Knoblauchbutter in die Schlitze streichen, das Brot dafür aufklappen. Die Knoblauchbutter auch nahe am Boden verteilen.

4. Den Käse in ca. 2 cm breite und 2 mm dicke Streifen schneiden. Die Käsestreifen in die Schlitze stecken. Der Käse sollte wenig oder gar nicht über das Brot hinausragen. Die restliche Knoblauchbutter auf dem Brot verstreichen.

5. Goldgelb backen, bis der gesamte Käse geschmolzen ist. Zum Servieren auf einer Platte auf den Tisch stellen, man zupft sich Stücke ab.

Tipps

- Dazu passen Oliven, eingelegte Pfefferoni, Essiggurken und Salate.
- Wie du laktosefreien Käse erkennst, erfährst du in den Tipps 5 und 6 auf S. 23–25!

Tomaten-Galette mit Rucola und Parmesan

Menge: 8 Stück
Zubehör: Backblech, Backpapier
Backtemperatur: 200 °C Ober-/Unterhitze
Kühlzeit: 1 Stunde
Backzeit: 45 Minuten

Zutaten

Teig

250 g helles Dinkelmehl
150 g weiche Butter
1 gestr. TL Salz
1 EL Apfelessig
1 Ei, L

Belag

125 g Crème fraîche, laktosefrei
Salz, Pfeffer
400 g bunte Kirschtomaten
1 Handvoll Rucola, gewaschen und trocken getupft
2–3 EL Parmesanspäne, laktosefrei
1–2 EL Olivenöl
Balsamicoessig

Zubereitung

1. Die Zutaten für den Mürbteig in eine Rührschüssel geben. Mit dem K-Haken oder von Hand rasch zu einem glatten Mürbteig kneten. Flach drücken, in Frischhaltefolie wickeln. 1 Stunde kühlen.

2. Den Mürbteig direkt auf dem Backpapier zu einem Kreis von ca. 30–35 cm ausrollen, der Rand darf unregelmäßig bleiben. Mit Crème fraîche bestreichen, am Rand 4–5 cm frei lassen. Vorsichtig salzen und pfeffern.

3. Die Tomaten halbieren und dekorativ auflegen, erneut salzen und pfeffern. Rand nach innen über die Tomaten einklappen.

4. Backpapier samt Galette auf das Blech ziehen. Goldgelb backen, aus dem Rohr nehmen.

5. Galette mit Rucola belegen, Parmesanspäne darübergeben. Olivenöl und etwas Balsamicoessig darüberträufeln. Sofort servieren.

Schafkäse-Päckchen

Menge: 2 Portionen
Zubehör: Backpapier, Schnur oder Bindfaden, Backgitter
Backtemperatur: 180 °C Ober-/Unterhitze
Backzeit: 40 Minuten

Zutaten

150 g Schafkäse, laktosefrei
1 Schalotte
6 Kirschtomaten
einige Zweige frischer Thymian und Rosmarin, gewaschen und trocken getupft
2 EL Olivenöl
Salz, Pfeffer

Zubereitung

1. Backrohr vorheizen.

2. Schafkäse quer halbieren. Je ein Stück auf je einen Bogen Backpapier setzen. Schalotte in Scheiben schneiden, auf dem Schafkäse verteilen. Je 3 Tomaten sowie Kräuter darübergeben. Alles mit Olivenöl beträufeln, vorsichtig salzen und pfeffern.

3. Backpapier an den Ecken nehmen und über dem Schafkäse zusammenfassen, sodass möglichst keine offenen Stellen bleiben. Mit Schnur oder Bindfaden umwickeln und auf das Backgitter setzen.

4. Auf der zweiten Schiene von unten backen, bis die Schalotten und Tomaten weich sind und der Schafkäse cremig ist. Sofort servieren.

Tipp

Nur wenig salzen, der Schafkäse ist bereits salzig.

Würzige Käseplätzchen mit Harissa

Menge: 35–40 Stück
Zubehör: 2 Backbleche, Backpapier, runde und/oder herzförmige Ausstecher (Ø 3–4 cm)
Backtemperatur: 180 °C Ober-/Unterhitze
Backdauer: 8–10 Minuten

Zutaten

Teig

100 g würziger Bergkäse, 6 Monate oder mehr gereift, laktosefrei
125 g Mehl
1 Prise Salz
80 g weiche Butter
1 Eigelb, L
1 gestr. TL Harissa

Außerdem

1 Eigelb, L
ungeschälter Sesam
Sonnenblumenkerne

Zubereitung

1. Backrohr vorheizen. Backbleche mit Backpapier belegen.

2. Bergkäse fein reiben.

3. Mehl, Salz, Butter und 1 EL sehr kaltes Wasser mit der Gabel vermischen, bis sich kleine Krümel bilden, evtl. von Hand durcharbeiten. Eigelb, Käse und Harissa dazugeben. Rasch mit den Händen zu einem glatten Teig kneten.

4. Teig auf der bemehlten Arbeitsfläche 2–3 mm dick ausrollen. Plätzchen ausstechen, auf das Blech geben. Eigelb verquirlen und die Plätzchen damit bestreichen. Mit Sesam oder Sonnenblumenkernen bestreuen.

5. Bleche nacheinander auf der zweiten Schiene von unten goldgelb backen. Aus dem Rohr nehmen, auskühlen lassen.

Tipp

Du kannst die Käseplätzchen auch mit Mohn oder schwarzem Sesam bestreuen. Frisch schmecken sie am besten.

Landbrot mit Couscous-Salat

Menge: 2 Brote + 4–6 Portionen Salat
Zubehör: Backblech, Backpapier
Backtemperatur: 225 °C Ober-/Unterhitze
Gehzeit: 1 Stunde + 1 Stunde
Backzeit: ca. 25 Minuten

Zutaten

Brot
3 Pck./21 g Trockenhefe
30 g Zucker
650 g Mehl
350 g Grieß (Weichweizen)
30 g Salz

Couscous-Salat
120 g Couscous
½ TL Salz
5–7 EL Olivenöl
40 g Walnusskerne
100 g getrocknete Tomaten in Öl
140 g Mais (1 kleine Dose)
Saft von 1 Zitrone
1 gestrichener TL Zucker
150 g Schafkäse, laktosefrei

Zubereitung

1. Backblech mit Backpapier belegen.

2. Die Zutaten für das Brot in eine Rührschüssel geben, 625 ml lauwarmes Wasser (max. 38 °C) dazugeben. Mit dem Knethaken 5–10 Minuten zu einem glatten Teig kneten. Teig zu einem flachen Laib formen, auf das Backblech legen. Mehrfach mit einem Messer einschneiden. Mit einem Küchentuch bedecken, 1 Stunde an einem warmen Ort gehen lassen, bei Bedarf länger (erste Gehzeit). Der Teig sollte etwa doppelt so groß werden.

3. Den Teig auf die Arbeitsfläche geben, mit bemehlten Händen 1 Minute kneten. Teig halbieren. Zwei Kugeln formen, mit ausreichend Abstand auf das Backblech setzen. Etwas flach drücken, gut mit Mehl bestäuben, oben mit einem scharfen Messer drei- bis viermal einschneiden. Brote mit einem Küchentuch bedecken, 1 Stunde gehen lassen (zweite Gehzeit).

4. Backrohr vorheizen.

5. Brote auf der zweiten Schiene von unten ins Backrohr schieben. Auf die unterste ein Kuchengitter schieben, darauf eine hitzebeständige, mit Wasser gefüllte Schale stellen.

6. Brote backen. Sie sind fertig, wenn man an der Unterseite mit dem Fingerknöchel dagegen klopft und es hohl klingt.

7. Couscous in einer Schüssel mit Salz vermischen. 250 ml kochendes Wasser und 2 EL Olivenöl dazugeben, verrühren. 10 Minuten zugedeckt stehen lassen. Deckel abnehmen, Couscous mit einer Gabel durchrühren und auskühlen lassen.

8. Walnüsse in grobe Stücke hacken. In der Pfanne bei mittlerer Hitze unter ständigem Rühren anrösten, bis sie zu duften beginnen. Vom Herd nehmen und in eine Schüssel geben.

9. Die Tomaten aus dem Öl nehmen und in Streifen schneiden. Den Mais abtropfen lassen. Beides zu den Walnüssen geben. Zitronensaft, Zucker und 3–4 EL Olivenöl dazugeben, salzen und pfeffern, verrühren.

10. Den Couscous unterrühren und abschmecken. Den Schafkäse darüberbröckeln und vorsichtig untermischen. Durchziehen lassen und servieren.

ANHANG

Weiterführende Links

Hier findest du eine Auswahl an weiterführenden Links zum Thema Laktoseintoleranz. Die Listen sind nicht vollständig: Unternehmen verändern und erweitern ihre Produktpaletten ständig, außerdem kommen immer neue Anbieter von laktosefreien Produkten dazu.

Laktosefreie Milchprodukte

Viele Unternehmen und Molkereien haben mittlerweile laktosefreie Milch und weitere Milchprodukte in ihrem Sortiment. Hier ist eine Auswahl von Anbietern von laktosefreien Milchprodukten. Wenn vorhanden, ist der Name der Produktserie angegeben.

- Aha! Laktosefreie Milchprodukte bei Migros: migros.ch/de
- Arla® Lactofree: arlafoods.de/produkte/arla-lactofree
- Coop Free from: coop.ch/de/inspiration-geschenke/labels/free-from/c/m_1047
- Emmi good day: emmi-good-day.com/che/de
- L.free von nöm: noem.at/de/produkte
- Lactofrei von Kärntner Milch: kaerntnermilch.at/laktosefrei
- LAC laktosefrei von Schwarzwaldmilch: lac-lactosefrei.de
- Laktosefreie haltbare Milch von Söbbeke: soebbeke.de
- Laktosefreie haltbare Milch von Weihenstephan: molkerei-weihenstephan.de/produkte/milch/h-milch
- Laktosefreie Milchprodukte von Mila Bergmilch aus Südtirol: mila.it/laktosefrei
- laktosefreie Milchprodukte der Eigenmarken Milsani bzw. Milfina von Aldi/Hofer: aldi.de, hofer.at
- MinusL von Omira, ein umfangreiches Sortiment mit mehr als 50 laktosefreien Milchprodukten und Süßwaren: minusl.de
- SPAR free from: spar.at/eigenmarken/lebensmittel/spar-free-from
- Zillertaler laktosefreie Heumilch: heumilch.com

Laktosefreie und/oder vegane Süßwaren, Backzutaten und mehr

Bei diesen Shops findest du laktosefreie Backzutaten und manchmal auch Rezepte.

- foodoase.de: Online-Supermarkt für Menschen mit Nahrungsmittel-Unverträglichkeiten, Rezepte
- korodrogerie.de, koro-shop.at: laktosefreie und vegane Snacks, Süßigkeiten, Backzutaten
- purenature.de, purenature.at: laktosefreie Süßigkeiten, Backmischungen und weitere laktosefreie Produkte

- rapunzel.de: vegane Schokoladen und Schoko-Aufstriche, Rezepte
- tantefanny.at: vegane Fertigteige, Rezepte
- vivani.de: laktosefreie Schokolade, Rezepte
- zotter.at: laktosefreie und/oder vegane Schokolade, Pralinen, Nougat, Trinkschokolade, Brotaufstriche und mehr

Informationen zu Ernährung und Laktoseintoleranz

Hier sind einige Institutionen und Webseiten angeführt, die dir bei Laktoseintoleranz und anderen Nahrungsmittelunverträglichkeiten weiterhelfen können.

- bzfe.de: Bundeszentrum für Ernährung
- daab.de: Deutscher Allergie- und Asthmabund
- dge.de: Deutsche Gesellschaft für Ernährung e.V.
- ernaehrung.de: DEBInet, Deutsches Ernährungsberatungs- und -informationsnetz
- gesundheit.gv.at: öffentliches Gesundheitsportal Österreichs
- kochtrotz.de: Deutschlands größter Food Blog für Menschen mit Nahrungsmittelallergien, Nahrungsmittelintoleranzen und chronischen Krankheiten, z. B. Zöliakie oder Reizdarm
- Lecker-ohne.de: Onlineportal und Rezeptdatenbank für spezielle Ernährungsthemen
- mein-allergie-portal.com: Onlineplattform für Patienten, Eltern erkrankter Kinder und interessierte Laien
- nahrungsmittel-intoleranz.com: NMI-Forum, Informationsplattform für Ernährung, Nahrungsmittelintoleranzen und -allergien

Qualifizierte Ernährungsberater*innen

Wenn du eine Ernährungsberaterin oder einen Ernährungsberater suchst, sind diese Webseiten eine erste Anlaufstelle.

Deutschland

- vdd.de: Verband der Diätassistenten, Deutscher Bundesverband e.V.
- vfed.de: Verband für Ernährung und Diätetik e.V.
- vdoe.de: Verband der Oekotrophologen e.V.

Österreich

- diaetologen.at: Verband der Diätologen Österreichs
- veoe.org: Verband der Ernährungswissenschaften Österreichs

Schweiz

- svde-asdd.ch: Schweizerischer Verband der Ernährungsberater/innen SVDE

Rezeptregister

LAKTOSEFREIE GRUNDREZEPTE

FÜR EINEN GUTEN START IN DEN TAG

UNKOMPLIZIERT UND EINFACH

DAMIT BEEINDRUCKST DU GÄSTE

ZUM KNABBERN UND NASCHEN

SEELENFUTTER FÜR WOHLIGES BAUCHGEFÜHL

FÜR FEIERTAGE UND FESTE

WENN ES MAL NICHT SÜSS SEIN SOLL

Empfehlen und gewinnen!

Hat dir dieses Buch gefallen?

Dann empfiehl es bitte weiter und schreib eine aussagekräftige Bewertung in einem Buch-Shop deiner Wahl, auf deinem Blog oder in den Sozialen Medien. Aus der Bewertung sollte hervorgehen, was dir an dem Buch gefallen hat und für wen es besonders geeignet ist.

Als Dankeschön verlosen wir jeden Monat unter allen, die mitmachen, fünf humboldt-Ratgeber – mit etwas Glück bist auch du mit deinem Wunschtitel dabei.

Um an der Verlosung teilzunehmen, schick uns einfach den Link zu deiner Buchbewertung sowie deinen Wunschtitel aus unserem Programm an: presse@humboldt.de.

Bibliografische Information der Deutschen Nationalbibliothek
Die Deutsche Nationalbibliothek verzeichnet diese Publikation in der deutschen Nationalbibliografie; detaillierte bibliografische Daten sind im Internet über http://dnb.ddb.de/ abrufbar.

ISBN 978-3-8426-3145-8 (Print)
ISBN 978-3-8426-3146-5 (PDF)
ISBN 978-3-8426-3147-2 (EPUB)

Abbildungen:
Titelmotiv: Eva Dragosits, shutterstock.com/ArtDarya
Eva Dragosits: alle Rezeptfotos
stock.adobe.com: Natalia Klenova: 6/7; urika: 32/33; Icons-Studio (Einkaufswagen-Icon); graphixmania (Schneebesen-Icon); mallinka1 (Vegan-Icon); martialred (Glutenfrei-Icon)

Originalausgabe

Die Ratgebermarke der Schlüterschen Fachmedien GmbH
Hans-Böckler-Allee 7, 30173 Hannover
www.humboldt.de
www.schluetersche.de

Lektorat: Linda Strehl, München
Covergestaltung: ZERO, München
Layout und Satz: Die Feder, Konzeption vor dem Druck GmbH, Wetzlar
Druck und Bindung: Gutenberg Beuys Feindruckerei GmbH, Langenhagen